BRUNO LAMOGLIA

ASCENSÃO

O aperfeiçoamento pessoal
por meio da Filosofia

BRUNO LAMOGLIA

ASCENSÃO

O aperfeiçoamento pessoal
por meio da Filosofia

SÃO PAULO | 2024

Copyright © 2024 – LVM Editora

Os direitos desta edição pertencem à LVM Editora, sediada na
Rua Leopoldo Couto de Magalhães Júnior, 1098, Cj. 46 - Itaim Bibi
04.542-001 • São Paulo, SP, Brasil
Telefax: 55 (11) 3704-3782
contato@lvmeditora.com.br

Gerente Editorial | Chiara Ciodarot
Editor-chefe | Marcos Torrigo
Editora assistente | Georgia Kallenbach
Revisão de texto | Diego Perandré
Organização e preparação de texto | Adriana Alevato
Capa | Mariangela Ghizellini
Diagramação | Décio Lopes

Todo o papel empregado nesta obra
possui certificação FSC®
sob responsabilidade do fabricante
obtido através de fontes responsáveis.
* marca registrada de Forest Stewardship Council

Impresso no Brasil, 2024

Dados Internacionais de Catalogação na Publicação (CIP)
Angélica Ilacqua CRB-8/7057

L231a   Lamoglia, Bruno

Ascensão: O aperfeiçoamento pessoal por meio da filosofia /
Bruno Lamoglia. – São Paulo: LVM Editora, 2024.
160 p.

ISBN 978-65-5052-172-1

1. Psicologia   2. Filosofia   3. Espiritualidade   I. Título

24-0618   CDD 158.1

Índices para catálogo sistemático:
1. Psicologia

Reservados todos os direitos desta obra.

Proibida a reprodução integral desta edição por qualquer meio ou forma, seja eletrônica ou mecânica, fotocópia, gravação ou qualquer outro meio sem a permissão expressa do editor. A reprodução parcial é permitida, desde que citada a fonte.

Esta editora se empenhou em contatar os responsáveis pelos direitos autorais de todas as imagens e de outros materiais utilizados neste livro. Se porventura for constatada a omissão involuntária na identificação de algum deles, dispomo-nos a efetuar, futuramente, as devidas correções.

SUMÁRIO

INTRODUÇÃO 7

CAPÍTULO I. 17

CAPÍTULO II 31

CAPÍTULO III 41

CAPÍTULO IV 47

CAPÍTULO V 57

CAPÍTULO VI. 63

CAPÍTULO VII 77

CAPÍTULO VIII 85

CAPÍTULO IX 105

CAPÍTULO X 127

CONCLUSÃO 153

INTRODUÇÃO

*Não espere por uma crise para saber
o que é importante para a sua vida.*

– PLATÃO –

Este livro é a concretização de um dos meus projetos de vida, o qual venho cultivando com muito estudo e determinação. Sou médico, psicoterapeuta, pós-graduado em psiquiatria e, há quase 20 anos, lido com todo tipo de sofrimento por conta da minha profissão. Vejo diferentes "quedas", desde materiais – como de quem perdeu todo o patrimônio –, até as de quem perdeu o sentido da vida, a vontade de seguir em frente.

Quem me acompanha sabe o quanto venho oferecendo às pessoas em consultório, cursos, palestras, vídeos e participações em cursos, seminários e diversas mídias digitais. Meu maior objetivo – e não conheço nada mais importante do que isso – sempre foi ajudar todos a sofrerem menos, mesmo os que não percebem as próprias angústias ou fogem da consciência das suas dores.

Este livro não é uma herança que deixo, porque não se destina a algumas pessoas em particular, nem tampouco é um bem material. Trata-se do meu legado, no sentido de contribuição que deixo para a humanidade. Quem tiver acesso a ele vai ter contato com um passeio cultural plural por meio de múltiplas formas de entendimento do mundo.

Dos filósofos da Antiguidade, passando por mitos oriundos de diversas culturas, pelo Oriente e suas visões, por diferentes manifestações religiosas, por contribuições das ciências e de pensadores contemporâneos, busquei reunir aqui uma parte daquilo que tem servido ao melhor embasamento da minha concepção de vida.

Sempre destaco que o conhecimento de outras acepções não me torna um perenialista, e nem mesmo compromete a minha fidelidade aos preceitos cristãos. Pelo contrário, são exatamente esses preceitos que embasam o meu comprometimento com a busca pela diminuição do sofrimento alheio.

Acumulei, ao longo dos anos, muitos e diversificados conhecimentos médicos, filosóficos a religiosos, tanto temporais quanto atemporais. Há muito o que ser dito e um universo de saberes a ser desvendado. Pretendo passear pelo que acumulei em pesquisas e vivências, expondo o que considero fundamental para a melhor compreensão da própria existência.

Muitos exemplos – fábulas, mitos, parábolas, metáforas, associações – serão trazidos, e o propósito não é apenas a clarificação do que trago. Entendo que, por meio dessa ferramenta, a assimilação será mais suave e osmótica. É claro que a aplicação dependerá muitíssimo da atenção e disposição do próprio leitor, além de suas próprias interconexões e memórias. Procurarei ressignificar algumas vivências, auxiliar o leitor a descobrir quem realmente é e como ascender a partir de sua personalidade.

A ideia central é ajudar a direcionar as energias à ascensão humana, que não conhece limites. Pretendo apresentar ferramentas para o leitor atenuar seus sofrimentos pessoais e os de outras pessoas, além de reduzir a frequência de suas quedas.

Com essa missão em mente, criei a Teoria da Pirâmide de Ascensão, que apresento aqui. Trata-se de uma pirâmide de quatro andares, cuja base são as mais diversas patologias e misérias humanas. As demais camadas representam os diferentes momentos vitais, com suas forças de ascensão e de decadência, reconhecendo que estamos – e precisamos estar – sempre em movimento. Assim, a descrição piramidal é dinâmica e multifacetada, admitindo, inclusive, mais de um fenômeno ao mesmo tempo. É uma representação em que há fluidez, vibração e ritmo.

Em meus estudos, compreendi que existe uma força motriz que faz com que nós precisemos evoluir – é uma lei universal. Nikola Tesla (1856–1943), engenheiro sérvio-austríaco reconhecido por seus inventos no campo da eletricidade, já dizia que tudo vibra. *"Se quiser descobrir os segredos do universo, pense em termos de energia, frequência e vibração"*, sugeria ele. Tudo está em permanente moção, em constante movimento – os animais, as plantas, os planetas, as estrelas, as galáxias.

Mesmo que não saibamos ao certo por que temos que evoluir, existe um princípio material – a conação[1], conceito usado no campo da psicologia e da psicopatologia – que trata basicamente da tendência intrínseca do organismo para sair do estado de inação. Ou seja, há um ordenamento por meio da movimentação constante, a maturação, possível inclusive de se observar nas etapas da vida de qualquer ser – nascimento, crescimento, desenvolvimento, reprodução (algumas vezes) e morte.

Diferente dos animais e dos outros seres vivos, porém, os humanos travam uma luta permanente para saber o que fazem aqui, o que tem que fazer e por que estão aqui. "O que", "como" e "por que" são as três grandes questões existenciais, especialmente tratadas pela filosofia – ou "pelas filosofias". Não somos uma fruta, por exemplo, que simplesmente se desenvolve, amadurece e cai no chão para semear novamente. A fruta não precisa "pensar". Seu destino já está predeterminado.

Nós, no entanto, temos confrontos, lutas a vencer. Para tal, contamos com o apoio da capacidade de pensar – é a intervenção das ideias na nossa natureza de movimentação.

Na Pirâmide, coexistem diferentes estados humanos, tanto de atuação, quanto de passividade, ambos sempre em caráter dinâmico e concomitante. Quanto mais baixo o nível na Pirâmide, maior o peso, maior o sofrimento.

---

1. Segundo Antônio Geraldo da Cunha, no seu Dicionário Etimológico da Língua Portuguesa (Editora Lexikon, 4ª. edição, 2010), conação é a tendência consciente a lutar.

E por que isso é assim? Por que temos que nos mobilizar e viver uma espécie de batalha interna? Por que existe um tipo de hierarquia em nossos movimentos? A busca por essas respostas foi a inspiração básica para o desenvolvimento da Pirâmide.

Para algumas pessoas, as respostas estão em textos religiosos como a Bíblia, na qual encontramos Deus enquanto o criador de tudo. Para outras, as respostas estão nos pensadores, como em Baruch Spinoza (1632-1677), filósofo holandês de quem a obra é um marco para a Filosofia Moderna. Ele faz reflexões acerca dos modos de viver e dos caminhos escolhidos pelos seres humanos. A origem do homem está na natureza, diria ele. E há também as que buscam as respostas nas ciências, como a medicina e a psicologia. Seja onde as encontremos, tudo faz parte de um sistema interconectado com hierarquias de todo tipo.

Assim, a partir da fusão de diversos modelos de "ser" humano – científicos, filosóficos, religiosos, populares –, seus momentos e suas fases de vida, eu proponho direcionar nossas ações, entendimentos e questionamentos de forma a sair da passividade, da desorientação.

Veja bem, é importante saber que a Pirâmide de Ascensão descreve a qualidade dessas possibilidades, mas nunca um passo a passo. E isso porque é impossível usar o mesmo caminho para destinos diferentes.

Há momentos em que algumas hierarquias fazem sentido, mas quando aplicamos sobre elas as forças de ascensão e queda, de caráter progressivo e bem demarcado, esse sentido pode sumir, desaparecer. A Pirâmide é como um mapa, a partir do qual é possível traçar o seu próprio rumo, lembrando que alguns movimentos são conscientes, e outros, não.

O envelhecimento, por exemplo, é inevitável. Mas as condições de como viver esse envelhecimento têm profunda relação com os propósitos de vida, as decisões tomadas, os hábitos, as responsabilidades assumidas e outros fatores. É a energia sendo direcionada para um fim, mesmo que o façamos de forma inconsciente.

No final das contas, falamos de uma busca para o significado da existência – e, como tal, com seus riscos, gastos de energia e decisões.

Proponho ao leitor que não busque conforto nas páginas seguintes. A evolução ocorre para quem está disposto a se envolver e se dedicar, e não para qualquer pessoa. Perceba que todos teremos um papel ativo fundamental nesse processo, embora cada um seja um "ordenador" das suas próprias ações.

É possível que você pense em si mesmo como um tipo de "arquiteto" a projetar a própria vida e, com isso, atingir a de outros. Talvez, se veja como um "curador", que intervém na saúde e tem em mente que a maioria das lesões acontece por algum tipo de ignorância. Ou um "organizador" a arrumar a bagunça. Quem sabe um "harmonizador", aquele tipo de pessoa que está disposto a fazer o bem, criar, ligar, elevar. Não importa o nome que se dê – tenha em mente que precisará agir, vibrar a sua própria vida e as daqueles a quem quer ajudar.

Replico aqui o que venho fazendo na minha vida profissional e pessoal. Os aprendizados vão acontecer de diversas formas, é certo, mas sabemos que grande parte funciona como um sistema de inspiração – observação, investigação e dedicação aos elementos estudados e aos que forem surgindo ao longo do caminho.

Muitos concordam que a vida ensina, embora todos nós nos questionemos sobre como isso ocorre. As experiências, de maneira geral, devem ser vistas como aprendizados. Muitas vezes, a oportunidade surge com o sofrimento, ou uma dor – embora essa afirmação deva ser lida com ressalvas. Ao lado delas, a observação, os estudos, a investigação e mesmo a atenção ao sofrimento dos outros.

Certamente não precisamos experimentar todos os dissabores do mundo para compreender como é que funcionam ou para empatizar com o que o outro sente. Quem viveu a situação geralmente tem mais substância, mais propriedade, e até mesmo mais credibilidade para falar sobre ela. Isso é uma verdade, porém também é necessário considerar as diferentes situações e circunstâncias em que cada pessoa se envolveu – graus e diferenças qualitativas.

Todavia, um observador externo pode oferecer visões alternativas a uma mesma questão. Ainda que sem a substância da própria experiência, é possível entender situações e etapas da vida, e ajudar a diminuir o sofrimento do outro. Mesmo sem nunca ter sofrido com a esquizofrenia, atendo esquizofrênicos. É certo que não sofro "como" um dos pacientes, mas consigo intervir por estudar a patologia. Quando me aproximo do paciente, busco entendê-lo e ajudá-lo. Esse é um dos motivos pelos quais desenvolvi a Pirâmide: permitir que aqueles que a compreendem ajudem outros a ascender, mesmo sem ter resolvido todas as questões da própria vida.

Importa destacar, e sempre o faço, a necessidade de filtrarmos as informações que recebemos e de alocá-las nos devidos lugares das suas vidas, seja central ou periférico. Depois, devemos refletir sobre essa hierarquia criada. O que será apresentado nos capítulos a seguir precisa ser mapeado e catalogado pelo leitor conforme o próprio senso de reconhecimento da verdade, conforme as suas próprias potências – as quais tratarei com detalhes mais à frente.

Alexis Carrell (1873-1944), médico, biólogo e fisiologista francês, ganhador do Prêmio Nobel em 1912, disse certa vez que *"o homem não pode fazer-se sem sofrer, pois é ao mesmo tempo o mármore e o escultor"*. Não existe evolução para a progressão sem alguma dose de desconforto. Para progredir, é preciso "morrer" um pouquinho, se reinventar, abandonar algumas coisas. Muitas vezes, o que é colocado no seu caminho pode não ser compreendido neste momento porque é preciso galgar outros degraus primeiro. É natural que nem todos os leitores estejam no mesmo patamar – as pessoas não têm as mesmas experiências de vida. Então, lembre-se de buscar, no que será apresentado, aquilo que reconhecer como proveitoso para você. Procure alocar o "novo", estudando, mexendo na memória, exemplificando, ligando as ideias até que façam sentido.

Gostaria de fechar essa introdução, que já se alongou mais do que deveria, com uma frase célebre de Lao Tzu, filósofo chinês da antiguidade (século VI a.C.) e autor do clássico taoísta *Tao Te King:* "*o primeiro passo, na direção certa, já é a metade do caminho*". Escrevo os próximos capítulos com esperança de que esta obra seja o seu primeiro passo, importante para a sua Ascensão – e daqueles a quem você puder ajudar no seu caminho.

CAPÍTULO I

Fiz um esforço incessante para não ridicularizar, não lamentar, não desprezar as ações humanas, mas para compreendê-las.

– BARUCH SPINOZA –

Não quero formar intelectuais; não quero formar eruditos e venho insistindo nesse ponto na minha carreira. Vejo pessoas que sabem muito, que são dotadas de grande memória, de excelente articulação verbal, mas que não tiveram a chance de experimentar a vida. Então, o intelectual, do ponto de vista puramente teórico, não nos interessa, ainda que seu papel seja fundamental nas funções educativas, instrutivas e até curativas.

Eu costumo pensar na música como uma metáfora da vida, e isso é sempre bem assimilado por quem toca ou já tocou algum instrumento. Existe uma harmonia entre as notas, ou seja, você não pode tocá-las de forma contínua nem aleatória. É preciso criar pausas entre elas de modo a concatenar e criar a melodia. Uma pessoa que desconsidera esses fatores ou que não leve em conta o tom, o ritmo, a harmonia ou mesmo a partitura, altera toda a música.

No conhecido livro *A Arte da Guerra*, obra atribuída ao general chinês Sun Tzu, que viveu por volta do século VI a.C., encontramos um conjunto diverso de habilidades, técnicas, condições ambientais e disciplinares que são aplicadas até hoje como táticas militares, tanto no Oriente, quanto no Ocidente. O autor descreve a arte da estratégia, que é estudada não só no contexto de guerras.

A luta, as artes marciais, também se prestam muito a analogias com a vida. Elas não tratam apenas de ataque, mas podem ser especialmente destinadas à defesa. Do mesmo modo, não podem ser só intensidade e explosão porque o atleta não aguentaria até o final. Domínio de técnicas, identificação de pontos fortes e fracos – tanto seus quanto do outro –, conhecimento e estudo do oponente, tudo isso faz parte desses aprendizados, evita que o lutador se machuque. Também existe, no movimento dos corpos em luta, uma harmonia, uma arte, um preparo, uma estratégia.

Na vida, percebemos isso de diferentes formas. Pode ser por meio de um trauma psicológico, por exemplo, transformando uma dor que poderia ser funcional, rica em aprendizagens, em uma força de decadência, um sofrimento desnecessário que vai marcar a vida inteira. Veremos uma música inteira prejudicada por um sustenido erroneamente tocado.

Esses três exemplos – a música, a guerra e as artes marciais – nos ajudam a entender a unidade de um sistema vital que funciona interconectado, em permanente movimento e tanto mais harmônico quanto mais conhecidas e respeitadas as suas condições e propósitos.

Nesse ponto, vale a pena destacar as chamadas Leis Herméticas – ou Leis Universais – atribuídas a inúmeros autores ocultos sob a máscara do deus Hermes. A esse grego, associaram o deus dos antigos egípcios Thoth e qualificaram como Trimegisto, termo que pode ser compreendido como "três vezes grandíssimo". Ao longo do tempo, encontram-se fortes ligações entre esses escritos e a alquimia, a cabala, o platonismo e até o paganismo, dentre outras correntes.

A Hermes Trimegisto costuma-se creditar inúmeros textos e livros, dentre eles a famosa "Tábua de Esmeralda", recuperada em um texto de autoria desconhecida, do início do século XX, o *Caibalion*[2]. Nessa obra são apresentadas as chamadas Sete Leis Herméticas, que vale a pena resgatar de modo resumido aqui para os propósitos da Ascensão:

1ª – Lei do Mentalismo: o "Todo" é a mente, o universo é mental e foi criado para funcionar dentro da mente. O universo é uma criação mental do Todo. O que chamamos de realidade é o que nossa mente nos apresenta, como na Alegoria da Caverna de Platão, que será melhor explicada abaixo.

---

2. *The Kybalion: a study of the hermetic philosophy of ancient Egypt and Greece by Three Initiates* foi originalmente publicado em 1908 e costuma-se atribuir a autoria a William Walker Atkinson (1862–1932), advogado e estudioso americano a quem se atribui o pioneirismo do movimento do Novo Pensamento.

2ª – Lei da Correspondência: todas as coisas são esquemas que se correspondem: céu e terra, visível e invisível, fora e dentro, em cima e embaixo. O microcosmo humano é governado pelas mesmas regras do macrocosmo universal.

3ª – Lei da Vibração: tudo vibra, inclusive os pensamentos, as emoções, os objetos etc. Tudo se move, nada está parado. Nós vibramos e recebemos vibrações de volta. As diferenças resultam de taxas variáveis de vibração: quanto maior a vibração, mais elevada a posição na escala hierárquica.

4ª – Lei da Polaridade: tudo é dual, tudo tem 2 polos, tudo tem seu oposto e os extremos se tocam. Os opostos são lados de uma mesma escala, diferenciados pela sua vibração. Avançando na escala, é possível realizar a alquimia mental. Tudo é interconectado e todos os paradoxos são reconciliáveis.

5ª – Lei do Ritmo: tudo é pulsátil, fluxo e refluxo como nas marés e nos pulmões. São ciclos naturais de expansão e retração; tudo flui como um pêndulo.

6ª – Lei do Gênero: o gênero está em tudo. O masculino é simbolizado por falo, espada, rigidez, penetração, invasão, busca, retidão; e o feminino por vagina, casa, cálice, recepção, proteção, acolhimento, reunião, vazio a ser preenchido. Ambos se manifestam em todas as dimensões da criação.

7ª – Lei da Causa e Efeito: nada escapa, tudo tem sua causa e seu efeito; toda causa tem efeito e todo o efeito tem causa. Não existe o acaso, trata-se apenas de algo ainda desconhecido. É possível trabalhar sobre as causas para alcançar efeitos desejados. Nada é aleatório.

A Lei do Mentalismo nos remete à Alegoria da Caverna, criada pelo filósofo grego Platão (século V a.C.) em"*República*, Livro VII. Mesmo sabendo o quanto essa alegoria é conhecida e citada, vou sintetizar uma de suas versões aqui pela sua relevância para nossa ideia de Ascensão.

Trata-se da história de seres que viviam acorrentados, presos em uma caverna diante de uma parede, conhecendo apenas o que os mestres – também aprisionados, embora hierarquicamente superiores – projetavam naquela parede usando as sombras de uma fogueira. Para os acorrentados, aquela era a realidade. Eles estavam acostumados a ela e não tinham interesse em conhecer mais nada. Estavam acomodados.

Certa vez, porém, um deles conseguiu romper as correntes e, com muito sacrifício, saiu da caverna. Sofreu muito para enxergar alguma coisa, desabituado que estava da luz intensa do Sol.

Depois que conseguiu ver, percebeu que havia um mundo muito diferente daquele em que vivia e decidiu que precisava voltar para libertar os outros da ignorância e da preguiça. Ao voltar, no entanto, foi morto por aqueles que não queriam que os seres conhecessem a verdade. As sombras eram a realidade dos prisioneiros, e não representações precisas do mundo real – eram fragmentos do que os encarcerados podiam perceber com os sentidos.

Essa alegoria nos ensina, metaforicamente, que só podemos enxergar as verdadeiras formas com o uso da razão – à luz do Sol, fora da caverna.

É uma metáfora bem interessante para o mundo atual. Existem pessoas que, com grandes esforços, conseguem sair da caverna. A libertação é difícil, exigindo esforço para subir – ascensionar. Percebem a luz do lado de fora e sentem-se cegos, mas lutam e seguem em frente.

Outros, entretanto, se assustam com a claridade, com o enfrentamento de muitas quebras conceituais, e desistem: "não dá para eu fazer isso tudo, eu não consigo. Preciso do meu vício, eu quero voltar para a minha novelinha, meu sofá, porque isso aí é demais, é falso".

Talvez possamos até mesmo dizer, em um contexto mais atual, que as pessoas que creem cegamente nas sombras projetadas pelas redes sociais são como os prisioneiros da caverna.

Como na alegoria platônica, o ideal para a sociedade é que aquele que conseguiu sair volte e faça um resgate, vibre com os outros, mexa com a sua passividade e os incentive a procurar a verdade. Infelizmente, tanto os acomodados quanto os que projetam essas "sombras de realidade" tentam calar os sábios, os profetas, os questionadores das ideias dominantes – aqueles que desafiam as ordens e saem da caverna.

A reflexão acerca dessas leis, como as entendo, traz inúmeras lições. Especialmente para o nosso propósito, a Ascensão, é fundamental o trabalho árduo, a dedicação à educação da vontade, a consciência do sofrimento e seu papel como fonte de aprendizagens. Como ensina a Sexta Lei mencionada acima, não é apenas possível, mas principalmente necessário trabalhar duro sobre as causas para obter efeitos desejados.

Falando em aprendizagens, vou trazer uma breve lembrança de Jean Piaget (1896-1980), influente psicólogo suíço amplamente conhecido por seu trabalho sobre o desenvolvimento cognitivo humano e a epistemologia genética. Piaget trabalhou com a ideia de que as aprendizagens se dividem em quatro fases: sensório-motora, pré-operatória, operatória concreta e operatória formal.

Na fase sensório-motora, que vai do nascimento até os dois anos, a aprendizagem se dá principalmente na exploração do mundo por meio dos sentidos e do movimento, na descoberta que os objetos existem. É o começo de uma noção de causa e efeito. Quando o bebê toca em algo, ele sente; quando alguma coisa cai, ele escuta o barulho, e por aí vai.

Dos dois aos sete anos observa-se a fase pré-operatória. É o importante momento da linguagem, da socialização e do desenvolvimento da capacidade de pensar simbolicamente. A criança representa um objeto em sua mente e fala dele, mesmo sem a sua presença. Ela brinca com fantasias e usa a imaginação, ainda que esteja muito dependente do mundo concreto ao seu redor. Gosta muito do faz-de-conta e costuma atribuir características humanas às coisas. Brigam, por exemplo, com o pé da mesa, se tropeçam nele. A comunicação se desenvolve, mas o pensamento é predominantemente egocêntrico, o que significa que a criança ainda tem dificuldade de entender a perspectiva das outras pessoas.

Na terceira fase, das operações concretas, a criança já consegue entender que existe certa lógica acontecendo o tempo todo e seu raciocínio matemático se desenvolve, ajudando a compreender o princípio de conservação e a intervenção prática na relação de causa e efeito. Ela já pensa: "se eu jogar a bola aqui, eu sei exatamente quando e aonde vai cair". Ela consegue calcular um pulo, consegue entender o ato de comer, por exemplo, e o quanto de alimento é suficiente. Ela já resolve a maioria de seus problemas no mundo, mas ainda tem dificuldade com as questões mais abstratas. Então, se falamos de saudade para uma criança de sete a doze anos, ela vai ter alguns limites para compreender. O mesmo acontece com o amor: ela sente, mas geralmente não consegue traduzir para si mesma.

Aos doze anos ou mais, Piaget situa a quarta fase, a das operações formais. Estamos diante de um adolescente, quase adulto. Com o pensamento hipotético-dedutivo já desenvolvido, o jovem já é capaz de entender conceitos bem mais complexos, tais como ações no futuro, e já consegue fazer planos.

A partir da teoria de Piaget, observamos um aspecto muito importante para a concepção da nossa Pirâmide: o ser humano nasce da forma mais incompleta dentre todas as espécies.

Nascemos com um excesso de neurônios que vão sendo adaptados ao meio ambiente. Muitos morrem nesse processo, sem uso. Acredita-se que o humano tem possibilidade de atingir maiores patamares intelectuais em algum tempo se os neurônios puderem ser mais bem aproveitados. Esse é um dos aspectos centrais da teoria piagetiana: você tem sua natureza, nasce com ela e com potencial para desenvolver-se conforme os estágios, do concreto para o abstrato. No entanto, o ambiente que o cerca, seus desafios, seus estímulos, suas vibrações etc. vão influenciar de modo profundo a qualidade desse seu desenvolvimento, que não conhece limites.

Um bom exemplo é a criança da atualidade, da geração que já nasceu em um mundo digitalizado. Seu cérebro, então, foi se moldando nesse ambiente. Sua relação com eletrônicos é muito diferente da relação de alguém com bem mais idade, por exemplo, que viveu toda a transição para esse novo momento tecnológico e frequentemente enfrenta dificuldades para dominar qualquer aparelho digital. Eu mesmo, diante de minha equipe de super jovens, pareço quase um incapaz. A criança de hoje em dia, por outro lado, é íntima e confiante no trato com os eletrônicos.

Logicamente, ela ainda precisa ser amada, sentir-se segura com seus pais. Precisa de estabilidade, de um lugar estimulante, de higiene, de orientação, de liderança, de educação, de desafios. A partir dessa base, sentirá sua própria força e aprenderá a se cuidar sozinha. Um tempo depois, poderá perceber sua importância na sociedade, criar a própria família, cuidar de seu povo e entender a humanidade.

Assim é o caminho humano, por meio das inspirações, dos ensinamentos diretos e da estabilidade emocional. É bom lembrar aqui que a estabilidade financeira é o "periférico do periférico".

Então, o ser humano precisa criar habilidades afetivas, polindo seus excessos emocionais. Também precisa desenvolver um físico adaptado para seu ambiente, aprendendo a não ser desatento nem dependente demais, propondo-se a jogar fora aquilo que não for útil, o desnecessário, o excessivo.

Teoricamente, são os pais que preparam a criança no caminho para a autonomia e sua função na sociedade – como uma orientação. É possível chamar isso de amor: cuidar das pessoas, promover a qualidade de vida, alimentar os valores e impor limites, estes tão importantes quanto os cuidados em si.

Os limites exigem firmeza que, quando falta, naturalmente leva ao aumento da criminalidade, por exemplo.

Aliás, essa é uma das maiores críticas à sociedade de nossa era: os pais que não impõem limites. O ser humano precisa de um norte, de um caminho para seguir, da noção de certo e de errado, de causas e consequências, tantas são as suas possibilidades, especialmente enquanto criança. Se esse direcionamento familiar falha, a criança vai procurá-lo em outras pessoas, em outros grupos.

Com os adultos, a fragilidade na ideia de família também promove algo semelhante, deixando-os vulneráveis à exposição midiática, cultural e educacional do meio externo. Não há informação para que formem a própria opinião, mas a divulgação de uma opinião pré-formada a ser simplesmente adotada – sem questionamento, sem racionalização, sem a luz de fora da caverna. É o ato de tão somente aceitar as sombras projetadas na parede, na alegoria de Platão da qual já falamos.

No fim das contas, educar é um processo até mesmo artístico. Os pais precisam lidar com uma individualidade cheia de energia, inclusive física, rica em possibilidades, completamente desgovernada e extremamente sensível à violência, propensa ao trauma. Uma tela em branco.

Cabe aos responsáveis educar para formar um senso de autoeficácia, por meio de experiências, tarefas e responsabilidades que vão desenvolvendo a autoconfiança e a autoestima.

O fato de alguns adultos terem baixa autoestima, por exemplo, pode desenvolver o medo na criança, por exemplo. Desse modo, perpetua-se o problema. Então, os adultos responsáveis pela educação também precisam educar-se permanentemente, expandir permanentemente as suas próprias consciências.

Teoricamente, os pais formam e a escola traz informação, com seu espaço de atuação restrito ao intelecto, basicamente. A formação moral é responsabilidade da família. Em algum momento do caminho para a autonomia, os pais deixam de ser deuses e passam a ser um tipo de referência, uma espécie de freio moral.

Ao habitar a mente, principalmente do jovem, os pais contribuem para suas decisões e atitudes, já que o lobo pré-frontal só estará propriamente formado por volta dos trinta anos de idade, conforme alguns pesquisadores. Antes disso, os jovens tendem a ser bastante impulsivos.

Ao mesmo tempo, os valores desses jovens vão ser diferentes daqueles de seus pais, assim como aconteceu com os próprios pais na juventude.

É possível dizer que existe uma ética temporal e uma ética atemporal. Desde que o mundo é mundo, algumas coisas são corretas e outras são incorretas. Há temas tratados por filósofos de todos os tempos. Estudos de 3 mil anos, 2 mil anos atrás que ainda são importantes hoje.

Por outro lado, há adaptações que são influenciadas pelo contexto, uma certa flexibilização que nem sempre significa evolução. De fato, pode ser justamente o contrário: uma involução, uma regressão.

É importante oferecer segurança para a criança se expressar no mundo, desenvolver o senso de autoeficácia e de responsabilidade para com as tarefas, ressaltando as consequências daquilo que ela faz e contribuindo para a formação de um ser humano digno. Aos poucos, conforme a sua evolução, a pessoa percebe a mudança em seus próprios interesses, seus entretenimentos, seus prazeres, seus deveres e suas experimentações no mundo. E aqui está a definição de personalidade.

Quando a pessoa pensa nas fontes de evolução, geralmente começa pela religião: "será que alguém veio antes de nós e disse o que eu tenho que fazer?". A seguir, se dá conta dos ensinamentos da filosofia ao confrontar a religião com a própria razão e as noções científicas adquiridas. Para isso, é fundamental dominar a linguagem.

O que se passa na mente, o que se experimenta precisa ser colocado em palavras. O que está sendo vivido precisa primeiro ser traduzido em significados internos.

Logo, em algum momento, a sabedoria precedeu a fé. Alguém que sabia veio e ensinou. Só a partir desse momento é que a fé passou a ser suficiente para a salvação.

Por meio de esquemas, a pessoa vai comparando suas experiências às dos outros e a tudo o que foi ensinado pela religião. Pessoas que viveram antes de nós na História disseram: "olha, eu sei o que acontece e é para vocês fazerem isso". São seres que se provaram de diversas formas, que viveram em diferentes momentos e experimentaram múltiplas maneiras de aproveitamento das suas crenças. São santos, deuses, entidades e personagens mitológicos de quem a vida serve como inspiração ética, moral (principalmente atemporal), e pessoal. Suas falas direcionam outras pessoas. Quando cremos, mesmo não entendendo o porquê, mesmo sem a compreensão ou a comprovação, falamos de fé.

CAPÍTULO II

*Os costumes resultam do
hábito convertido em caráter.*

– THOMAS HOBBES –

A sociedade, enquanto conjunto de vários indivíduos com características peculiares, necessidades complexas e variadas, distribuídos em uma série de divisões de funções e lugares sociais, é muito semelhante ao corpo humano. Em uma analogia simplificada, temos o fígado, o coração, a musculatura, o cérebro, a tireoide e todos os outros órgãos, cada um com sua função.

Quando analisamos o corpo humano, entretanto, percebemos uma hierarquia. Não há dúvida de que a unha do pé não é tão importante quanto o coração. Embora praticamente tudo no corpo seja fundamental para seu funcionamento, há uma hierarquia, mesmo quando restringimos nosso pensamento a um único sistema.

Por exemplo, mesmo no sistema nervoso central existem áreas mais nobres que outras. Muitos já ouviram falar sobre as três camadas de cérebro: o reptiliano, o límbico e o cortical. O cérebro está no topo e o ser humano é vertical. Por si, isso já tem uma simbologia de glória, de dignidade.

Espera-se que o ser humano formado vá saber exatamente como agir em praticamente todas as situações. Claro, algumas são extremamente complexas e outras demandam uma força tão alta que ele não saberá o que fazer. Então, conforme a pessoa vai ascendendo nas escalas sociais, aumenta a sua importância social e a responsabilidade de seus cargos, que deverá ser honrada de alguma forma. Esse é o fator desencadeante da expressão correta na sociedade, gerando um senso de felicidade, de retidão, de dever cumprido. Inclusive, em último caso, tem até mesmo um valor sexual, de maior admiração, sobretudo para o mundo masculino.

No entanto, em nossas sociedades, cada vez mais complexas, há perdas de muitos elementos essenciais para a Ascensão. Uma dessas perdas são os ritos de passagem e seu poderoso efeito mobilizador, simbólico, capaz de provocar sensações de pertencimento a grupos culturais, como receber uma medalha para cada etapa conquistada. Ainda existem os diplomas e certificados, claro, mas os momentos de entrega não são mais cerimoniosos, emocionantes. Perderam sua função de alimentar a identidade coletiva. As meninas fazem 15 anos, casais se unem em matrimônio, estudantes se formam, mas esses eventos deixaram de ser marcos e se tornaram comuns, comerciais. Deixaram de ser solenidades e viraram simples festas, não importa o quão custosas ou luxuosas possam ser.

Notamos também o enfraquecimento da figura paterna na família e, com isso, um dos ritos mais fundamentais a perder sua força simbólica foi a passagem do menino para o homem. Há um inegável colapso de amadurecimento masculino que, aliado aos excessos da libertinagem, vem alimentando uma crise sexual e financeira.

Por seu lado, a vida virtual traz cada vez mais estímulos para o cérebro, fomentando a fragmentação da própria sociedade com informação abundante e tecnologia desenvolvida ao lado de grande preguiça no trato das questões humanas.

Na internet, é fácil agredir alguém que sequer conhece o agressor, dar opiniões fundadas no senso comum, afirmar questões improváveis, abandonar a busca pelo conhecimento e desprezar o senso crítico. A qualquer um é facultada a criação de um blog, a divulgação de suas próprias ideias como verdades absolutas. O anonimato aumentou o número de crimes virtuais, especialmente o assédio. Ao lado disso, falsos ídolos – influenciadores – são avaliados por métricas questionáveis, e não por seu desempenho em qualquer modalidade. Vale tudo para aumentar o número de curtidas e seguidores.

Atualmente, o estudo das gerações nos mostra o grande impacto das guerras do século XX. Após as batalhas, nasceram pessoas que olharam para o mundo e decidiram que não queriam bombas, mas sim uma promoção, ter uma carreira, estabilidade financeira. Ou seja, um objetivo de vida extremamente material.

A seguir, os filhos desses *baby-boomers* experimentaram uma realidade um pouco mais tranquila e voltaram-se para a busca da felicidade. São exigentes, porém imediatistas. Expandiu-se o egoísmo e o desprezo por valores atemporais.

Ao constatarem isso, muitos pensam: "se o egoísmo está se expandindo muito, vou fazer algo que seja 100% coletivo". Ou seja, tratar os desiguais de maneira igual, que é como acreditar que uma pessoa que tem bons hábitos deve receber as mesmas recompensas do que aquele que nada faz. Cortar a cabeça de todos os girassóis que se sobressaírem para que tenham a mesma altura dos outros é, sobretudo, prejudicar os que cresceram mais.

Ou seja, o que se vê é a apologia ao vitimismo. Unindo-a ao egoísmo, convivemos com forças que colocam uma expectativa muito alta na realidade, como se estivéssemos em tempo de pouquíssima ou nenhuma escassez. No entanto, existe fome, ainda há guerras, mas muita gente parece não perceber qualquer tipo de dificuldade real, apenas suas próprias demandas. Cobra-se proteção e garantias dos outros, cuidados permanentes e um amor incondicional. Vive-se em uma espécie de bolha de carência afetiva que demanda validações e não consegue lidar com as rejeições e limites. É possível associar o que está sendo dito ao que acontece na quarta camada da personalidade, que abordarei mais adiante.

Diante do vitimismo, do egoísmo e do senso de urgência, nascem a expectativa irreal e grandes frustrações. Isso gera uma preocupação coletiva, um inconsciente coletivo aflito, que ganha força psicológica e pode explodir, ou eclodir, sobretudo quando não tem um escoamento efetivo, principalmente verbal.

Ou seja, ao mesmo tempo em que as opiniões são hipervalorizadas, independentemente de seu fundamento ou de seus argumentos, não podemos falar o que quisermos sob pena de sermos rejeitados pelos "seguidores", processados, presos, ou sofrermos algum tipo de assassinato digital, o atual cancelamento.

A contradição é aflitiva e contrária ao bom senso. Provoca uma repressão muito grande, que lembra bem o que ocorreu na Primeira e na Segunda Guerra Mundial. O mundo estava diante de uma sociedade extremamente reprimida, como o que parece estar acontecendo agora. Nesse cenário, o consciente passa por uma fase separatista que, em algum momento, luta para sair do poder das influências sociais e pensar por conta própria. Isso é, sair da caverna.

Aqui, trago uma breve pincelada em Aristóteles (século IV a.C.), conhecido filósofo grego discípulo de Platão e um dos mais influentes pensadores da história da civilização ocidental. Em sua conhecida obra *Ética a Nicômaco*, ele fala que o ato é anterior à potência. Ato é ação, existência. Uma semente existe. Um ser humano existe. O mármore existe.

Quando nos referimos à potência, porém, estamos falando do que se pode fazer, desenvolver ou aprender a fazer. Um cachorro tem potência para ser manso e para ser bravo, tem potência para correr, tem potência para alguns treinamentos, mas não tem potência para voar. O violino existe, e só depois tem a sua potência explorada – produzir sons, e até música em mãos habilidosas. Um instrumento musical não tem potência para cozinhar, não tem potência para aprender. Posso dizer que tudo o que tem matéria física possui sua potência, sua finalidade. O ato, portanto, primeiro existe; a potência é posterior.

    O ser humano, releva destacar, tem muitas, diversas e até desconhecidas potências. É necessário perceber as potências de cada pessoa na hora de intervir na aprendizagem, ou quando for tratar de alguém. Não é possível cobrar algo que não está na potência de determinada pessoa. Do mesmo modo, não podemos exigir de nós mesmos algo que não esteja na nossa potência. Precisamos testar, descobrir e nos dedicar a alcançar nossos objetivos, nossa importância e nossas possibilidades para nós mesmos. Todos temos potência para – todos "podemos" – aprender e ascender. Da mesma forma, também decair e regredir.

    Assim, cada pessoa vai formar o seu caráter a partir da repetição deliberada das suas atitudes e do que faz com suas potências. A título de exemplo, posso comentar sobre meu próprio caráter. Tenho uma força que luta contra as inclinações sórdidas do meu temperamento, coisas que possivelmente já nasceram comigo, outras que adquiri na experiência de vida. Para me tornar o que sou, para ter essa força, precisei de repetição até que formasse um hábito.

    As pessoas se tornam o que são pelos seus atos e pelo que fazem deles. Como diz a Bíblia, você será julgado pelos seus atos. Então, quando falo em Ascensão, falo em movimentação, em potenciais, em autoconhecimento e repetições, falo no domínio de si mesmo.

Voltando a Aristóteles, para quem esse é o melhor método para aprender qualquer coisa na vida, encontramos a descrição de quatro causas: causa material, causa formal, causa eficiente e causa final.

A causa material é, obviamente, a matéria – como a madeira, por exemplo. Quanto à causa formal, podemos simplificadamente dizer que a madeira se torna violino ou mesa ou cadeira. A terceira delas traz a ideia de eficiência, a força ou a ação que transformou a madeira em mesa, por exemplo.

A causa final é o motivo transcendente, a finalidade. Para que serve a mesa? Para que serve o violino? Para que serve o ser humano? Para que serve uma estátua? Pode ser para ganhar dinheiro, pode ser para decorar um ambiente, pode ser para invocar forças espirituais, pode ser pela inspiração da arte, e por aí vai.

De modo bem sintético, posso dizer que essas causas são condições para que algo exista. Tudo o que é material tem uma causa final. As quatro causas trabalham juntas e são fundamentais para entender os fenômenos do mundo. Mas até elas têm uma hierarquia.

A causa final do ser humano, por exemplo, tem sido pouco falada nesses tempos, mas é importante cada um pensar qual é o máximo de sua potência, até onde pode ir, qual o sentido de sua vida. Cada pessoa precisa assumir a responsabilidade por quem ela é.

Para tal, é necessário enfrentar certas dificuldades e buscar sua finalidade até chegar ao "torne-se quem você é", na concepção do conhecido filósofo prussiano (alemão),

Friedrich Nietzche (1844–1900). Não sendo assim, explica ele, outras pessoas vão decidir por você.

Pensando na Ascensão, uma das grandes forças de queda seria a ignorância, a preguiça, ou seja, aquela pessoa que não pensa em buscar o conhecimento, não se esforça e/ou se considera burra, incapaz, com dificuldade ou sem disposição para concatenar ideias.

Aqui, tratamos da aquisição de consciência, do entender o mundo e do entender a si mesmo neste mundo. Desse modo, pensamos no último andar da Pirâmide, que seria um patamar bem transcendental da Ascensão, representando a posição de uma pessoa que se eleva espiritualmente. Nesse degrau, também deve-se observar a humildade, caso contrário, ao pensar que é muito superior, que está muito distante de tudo, a pessoa vai decair.

Também os sofrimentos, tais como dor, morte, velhice, enfermidade, solidão, tentação, pecado, erros, vícios são forças de decadência. Assim também são a expectativa imediatista e a frustração que eclodem na geração mais jovem atualmente.

Como visto, para ascender é necessário conservar a vontade e algum grau de expectativa, além de prudência e aceitação de uma eventual, ou até mesmo provável, frustração.

As pessoas sempre têm vários caminhos que podem seguir, mas precisam escolher. Por exemplo, alguém queria ser médico, mas se torna advogado; queria fazer uma viagem, mas não foi para onde queria ou acabou não indo para lugar algum. Ou ainda, escolhe almoçar em um restaurante e deixa de conhecer qualquer outro que estaria à sua disposição. Sempre que se faz uma escolha, há uma expectativa e algum grau de frustração.

Tudo o que corrompe, ou que impede de agir e chegar à perfeição pode ser chamado de "mal". "Bem" é tudo o que promove saúde, longevidade, harmonia, tudo o que nos leva para a perfeição, muito embora jamais a alcancemos efetivamente – lembre-se de que é preciso reconhecer sua imperfeição experimentando a humildade. É frequente que leiamos, em ensinamentos deixados pelos que alcançaram o último patamar, que a perfeição absoluta não é própria desta vida, não é uma das regras desta vida.

Com relação aos sofrimentos extremos, podemos dizer que dependem de diversos fatores. Como ilustração, podemos lembrar de Viktor Frankl (1905–1997), neuropsiquiatra austríaco, judeu, que foi capturado e aprisionado em campos de concentração nazistas durante a Segunda Guerra Mundial. Lá, diante de condições absurdamente insalubres, ele observou que a maioria dos aprisionados quebrava psicológica e fisicamente – morria ou cometia suicídio. No entanto, outros tiravam grandes lições daquele contexto e sobreviviam. Como Frankl percebeu, sobreviviam os que tinham um sentido para resistir, algo que amavam, alguma causa a defender, uma dor a superar. São as vertentes, os pilares do sentido.

Em resumo, para ele, tudo depende da intensidade da dor, da duração, da frequência dessa dor e principalmente da sua própria rede de julgamentos, de sua própria cognição. O que a pessoa está entendendo dali? O que está aprendendo? Como está evoluindo, movimentando-se a partir do que vivencia?

Ou seja, existem mil motivos para cair e só um para ficar de pé. É como se alguém quisesse equilibrar um palito. Toda a lógica explica a queda, mas as pessoas têm que saber que existe sempre algo muito mais forte que as sustentará.

CAPÍTULO III

Não há despertar de consciência sem dor.
– CARL JUNG –

Há séculos, a China, a Índia, a Europa e boa parte dos países islâmicos medievais iniciaram a prática da alquimia, um dos ramos da filosofia natural. Consiste em um processo de purificação, amadurecimento e aperfeiçoamento de certos materiais. Foram observados objetivos comuns às diferentes práticas: a transmutação de metais básicos em metais nobres (crisopeia), a criação de um elixir para a imortalidade e drogas capazes de curar qualquer doença (panaceia3). Costumo fazer a analogia das sete etapas do processo alquímico com o caminho proposto na Pirâmide de Ascensão.

Começo convidando você a entender a alquimia como algo quase mitológico, religioso. Quando você pensa na Bíblia, em Adão e Eva e o pecado original, ou quando você pensa em Prometeu, na caixa de Pandora e outras narrativas mitológicas, percebe muito bem que

---

3. Panaceias, em homenagem à deusa grega homônima, eram remédios que se propunham a curar todas as doenças e prolongar a vida.

nós, em algum momento da nossa jornada – pelo menos assim dizem os antigos – vivíamos como deuses, em certo estado de pureza. Depois, fomos castigados. Isso é um ponto comum em quase todas as religiões: alguma coisa muito ruim aconteceu e nós decaímos.

É interessante pensar na alquimia dentro dessa lógica para que possamos perceber as nossas impurezas e a necessidade de purificação. Precisamos de um demiurgo, o artesão divino nas escolas de filosofia platônica e decorrentes, responsável por moldar o universo físico. É aquele que tira a energia do próprio universo para reorganizá-lo.

Existem quatro andares alquímicos: o chumbo, o cobre, a prata e o ouro. Os alquimistas pretendiam transformar o metal mais grosseiro, mais escuro, mais sombrio, mais pesado – o chumbo – em ouro, que é um metal mais nobre, mais puro.

É possível transformar o homem imperfeito, bruto, em um tipo de homem que entende o mundo, que consegue ter outros poderes muito mais fortes, muito mais nobres. Os alquimistas também buscavam prolongar a vida, buscavam a longevidade. Do mesmo modo, busco prolongar a vida de todos a quem puder ajudar.

O que trago aqui não é fruto de ideias levianas minhas, nem tampouco invencionices aleatórias da minha própria cabeça. Além das experiências – pessoais e de consultório –, houve muito estudo para que eu pudesse, finalmente, apresentar valores milenares, provados ao longo do tempo a ponto de poder transmutar o ser, levar do peso à leveza, do bruto ao lapidado.

O alquimista adota sete operações que podem ser pensadas como etapas para nosso propósito. A primeira delas é a calcinação – colocar a matéria bruta em contato com o fogo. Ao fazer isso, as impurezas mais voláteis são eliminadas. Elas não compõem a estrutura sólida daquela matéria.

Isso é o que acontece no primeiro contato com o paciente. Você provoca, questiona, fomenta. Aparecem o choro, a catarse, o desespero. Isso acontece quando existem sofrimentos voláteis – são as impurezas sendo eliminadas.

A segunda operação é a sublimação, quando entra o elemento ar. O paciente ainda está na "fase gasosa", iniciando sua busca pelo sólido. Verifica-se um aprofundamento, em suas entranhas, de seu passado, dos caminhos e dos mecanismos pelos quais ele chegou até aquela dor. Vão sendo definidos objetivos e estratégias de ação. Há áreas ainda completamente escuras, sombras que não quer ver.

A terceira etapa alquímica é a dissolução, e o elemento correspondente é a água. Aqui, retomam-se os sentimentos do paciente de uma forma inteligente, trazendo o entendimento das emoções. Trata-se de uma espécie de gestão das emoções, que não vêm puras, mas permeadas por uma série de julgamentos. Esse ego, essa pessoa, recusava várias cargas afetivas da vida dela, mas agora vai ser capaz de trazer um pouco mais de consciência, de inteligência, em relação à sua vida. Assim, é possível integrar o afeto, mostrar para ela que aquele afeto pode ser direcionado, administrado, ordenado.

A quarta operação é a mortificação, putrefação e fermentação. Essa é a camada da decomposição da matéria resultante da calcinação – primeira etapa –, que sai pela putrefação ou pela fermentação. Trata-se de uma morte simbólica, ou melhor, de várias mortes e desapegos de hábitos, pensamentos, atitudes, pessoas, objetos. O elemento de identificação é o ar: o pensamento ou a consciência sofre uma expansão, e há muitas trocas entre o paciente e o terapeuta por meio da palavra.

A separação é a quinta etapa. O alquimista deseja evaporar o líquido e condensar o que foi evaporado, para produzir uma matéria pura. É uma espécie de destilação: depois das mortes vêm as escolhas de vida, escolhas do que vai ser levado e do que vai ser abandonado. Simboliza-se pela espada, como na passagem bíblica de Mateus 10:34, na qual Jesus diz: "não penseis que vim trazer paz à terra; não vim trazer paz, mas espada."

A mensagem do Evangelho não se refere, obviamente, à guerra ou a alguma revolução armada, mas sim à necessidade de uma tomada de decisão, de uma separação. Essa mudança de vida causa estranhamento em algumas pessoas com as quais o sujeito se relacionava, tanto no âmbito doméstico quanto em outras áreas do viver. Elas reagem e frequentemente questionam, mas o sujeito desenvolveu maior autonomia. Essas rupturas o favorecem, porque ele se sente muito mais leve. Tendo se livrado do tecido necrosado, deixou aparecer um eu mais profundo e mais autêntico.

Passado todo esse processo, estaremos diante da sexta operação alquímica, que é a coagulação, uma espécie de aglutinação. O elemento associado é a terra.

Aqui, o paciente solidifica o composto, repete os novos comportamentos e os sedimenta. Veja bem: não é firme, rígido, embora seja sólido. É um equilíbrio provisório, um processo que não tem fim. O sujeito não precisa mais gastar tanta energia nas decisões de boas atitudes na vida, porque elas já fazem parte dele. No entanto, estando em movimento, vai sempre precisar de coisas novas, repetições e novas solidificações.

Chegamos à última etapa, a sétima operação, que é a conjunção, tintura, união, quando todas as etapas alquímicas se fundem. É uma esfera sagrada, autoconsciente, que funciona quase divinamente. É um nível absurdo de alinhamento em beleza e harmonia, e o sujeito dispõe de um recurso estável para lidar com quaisquer situações, mesmo as mais críticas de sua vida.

Resumindo, tudo começa com a matéria prima, pesada, densa, cheia de sofrimentos. O trabalho se inicia com o fogo, com o martelo, com a limpeza e vai desenvolvendo um conteúdo interno. O paciente submete esse conteúdo a uma série de operações alquímicas para criar a sua "pedra filosofal", que terá o poder de transmutação.

Ou seja, existem coisas muito profundas e difíceis de resolver. Porém, o importante é que, dentro das nossas potências, sejamos fecundos na nossa alma. Em cada um existe um mestre, tanto para seu próprio aprendizado quanto para o de outros. O que você ensina a outras pessoas?

Eu gosto de pensar na entrada na sociedade. Na infância, a pessoa ainda está dentro de uma espécie de útero. Teoricamente, todo mundo protege. No entanto, já é possível identificar uma força de decadência em uma criança abandonada.

Aos poucos, vai saindo desse útero e se separando da sociedade. Entra no limbo da adolescência, entra na adultidade jovem, vai conhecendo as suas causas finais, vai percebendo seu propósito e ficando mais velho.

Nesse processo de expansão, não se trata apenas de esforço. A pessoa sofre certas resistências e pressões do mundo e precisa se descobrir, delimitar. A natureza tem uma ação, ela ajuda os seres a evoluírem, identificarem os desafios externos e internos. Trata-se de algo como: "eu não posso ir aqui, eu apanho, eu sofro represália, eu não consigo fazer mesmo, não consigo falar em público", algo assim.

Então, desenvolve-se um mecanismo de simbiose com o mundo: "eu ajudo o mundo, o mundo me ajuda". É uma atuação semelhante a das bactérias que vivem no intestino em simbiose com o hospedeiro: elas ajudam, a pessoa as ajuda.

CAPÍTULO IV

A maneira apropriada de consertar o mundo não é consertando o mundo; não há razão para se presumir que você sequer seja capaz dessa tarefa. Mas, você pode consertar a si mesmo; não causará nenhum mal a ninguém fazendo isso. E, nesse caso, pelo menos, você fará do mundo um lugar melhor.

– JORDAN B. PETERSON –

Tudo o que é apresentado neste livro precisa ser aplicado na vida, precisa ser articulado com algo na própria vida. É importante construir âncoras durante a leitura. Para isso, criei uma alegoria mais lúdica, o "Jogo da Ascensão", e usei o número sete, justamente por ser um número muito simbólico.

Acabamos de apresentar as sete etapas alquímicas no capítulo anterior, mas quem não lembra dos sete dias da semana? E das sete maravilhas do mundo? As virtudes humanas listadas pela filosofia também são sete: esperança, fortaleza, prudência, caridade, justiça, temperança e fé. São sete os pecados capitais: orgulho, avareza, ira, acídia, luxúria, inveja e gula. Em oposição, podemos citar as sete virtudes capitais: castidade, generosidade, temperança, diligência, paciência, caridade e humildade. São sete as faculdades humanas: senso comum, razão, apetite concupiscível, apetite irascível, vontade, intelecto agente, intelecto paciente. São sete as notas musicais e até anões da Branca de Neve.

Para as religiões orientais, como o hinduísmo e o budismo, também há sete centros de energia – os chacras principais – que regem nossa estabilidade física, intelectual, emocional e espiritual. Cada um influenciaria uma ou mais áreas da nossa personalidade.

O Buda, como ficou conhecido Sidarta Gautama (século VI ou V a.C.), também ofereceu sete ensinamentos para uma vida mais leve, que são bastante úteis para a compreensão e aplicação da Pirâmide:

- Não busque no mundo o que está dentro de você;
- Um jarro enche gota a gota;
- Tudo tem uma finalidade, até o mal;
- Você é responsável pela sua saúde;
- Não se combate ódio com ódio;
- Alegre-se pelas vitórias dos outros;
- A virtude está nas boas ações.

Por seu lado, no catolicismo, vamos encontrar os sete sacramentos que simbolizam momentos rituais de fé: batismo, confirmação, penitência, eucaristia, ordem, matrimônio e unção dos enfermos. Também o profeta

Isaías refere aos sete dons do Espírito Santo: sabedoria, entendimento, conselho, fortaleza, ciência, piedade e temor a Deus.

Ainda no contexto da religião católica, não podemos deixar de mencionar Santa Teresa D'Avila (1515-1582), freira carmelita canonizada algumas décadas após sua morte, que deixou uma obra de incrível valor para a espiritualidade cristã. Vamos destacar um pouco de seu trabalho pelas profundas ligações à ideia de Ascensão, que nos orienta, em especial sobre as sete moradas do castelo.

Em sua obra *O Castelo Interior*, também conhecida como *Moradas*, ela faz uma boa descrição da sua própria jornada espiritual, ou seja, o que aconteceu com ela para que firmasse um relacionamento mais profundo com Deus, que é o objetivo final de todo cristão. E ela descreve etapa por etapa dessa jornada.

O mais interessante, para mim, é que seu texto coloca a santidade ao alcance de todos. Isso é maravilhoso de ouvir, especialmente quando percebemos que os santos deixaram um caminho de Ascensão praticamente sinalizado. Ou seja, é possível saber como chegar lá e, se eles conseguiram, teoricamente qualquer pessoa pode conseguir.

A primeira morada descrita por Santa Teresa D´Ávila é a entrada do Castelo. Isso acontece quando decidimos buscar a Deus verdadeiramente e nos desapegamos do mundo. Aqui acontece a busca por conhecer-se por meio da oração e do arrependimento.

Na segunda morada, a alma começa a experimentar um amor mais profundo por Deus e a desenvolver uma maior consciência de Sua presença. Surge um desejo intenso de se entregar totalmente a Deus.

Ao alcançar a terceira morada, a alma experimenta uma união mais profunda com Deus e começa a ter vislumbres da beleza, da harmonia do universo e do esplendor divino. Ela se esforça para se afastar de todas as distrações mundanas e se entregar completamente a Deus.

Na quarta morada, a alma começa a vivenciar uma transformação em si, interior, tornando-se mais pura e mais próxima de Deus. Ela começa a ter visões e experiências místicas que levam a um nível mais profundo de amor e devoção.

A quinta morada representa o alcance da contemplação divina. Agora já não é mais experiência, mas encontros com o próprio Deus em forma de consciência de suas próprias fraquezas e de sua plena dependência d´Ele.

Na sexta, a alma é consumida pelo amor divino e absorvida pela contemplação de Deus, tornando-se mais santa e próxima d´Ele. Já há menos ação fora desse universo e a pessoa começa a viver só daquilo.

A última morada, a sétima, representa uma união tão profunda com Deus que ela se torna "uma só coisa" com Ele. Trata-se do objetivo final da vida espiritual que é a união com Deus em amor perfeito.

Note que essa dinâmica de Santa Teresa é narrada em graus, com a ideia da ascendência presente como na Constituição Septenária e em outras que mostrarei a seguir. São moradas que se articulam a partir de um estado mais concreto, mais denso, até um grau de sutileza difícil de descrever.

Então, vamos voltar à ideia do jogo do qual falei no início deste capítulo, com suas sete premissas:

1. A sua evolução depende da sua liberdade, do seu livre arbítrio. Cada indivíduo tem liberdade para pensar e agir de acordo com o seu próprio tabuleiro, com seus próprios objetivos;
2. O jogo não é justo – aos nossos olhos – porque os participantes não vão começar do mesmo patamar, não vão ter as mesmas armas e nem as mesmas influências. As potências de cada jogador são diferentes, assim como suas limitações diferentes; essas diferenças vão determinar até mesmo a sua vocação;
3. Existe o mundo visível e o invisível, como no Livro do Gênesis, da Bíblia – o céu e a terra, o material e o imaterial, o transcendente e o imanente;
4. Existe um tempo delimitado, pelo menos na parte material. Você não vai conhecer esse tempo, não vai saber quando termina. É bom que você se mova;
5. O poço, que é o primeiro andar da Pirâmide, sempre vai estar lá para te abrigar. Isso pode ser bom ou ruim. Tudo vai depender da sua compreensão acerca da dor;
6. Parte dessa evolução vai acontecer de forma inconsciente. Alguns desses aprendizados vão acontecer independentemente da sua vontade, e muitas vezes nem vão ser lembrados. Você simplesmente

absorveu. Algo aconteceu dentro de você e o que guardou seguirá atuando de forma expressiva e inconsciente na sua vida;

7. Frequência costuma ser melhor do que intensidade. É melhor que você faça um pouco por dia do que fazer uma coisa só de forma explosiva. Essa recomendação não vale para tudo, é claro, e nem sempre vai ser melhor assim. Por exemplo, no caso de um vício, é melhor largar de uma só vez.

Como estamos vendo, o conhecimento sobre a Pirâmide de Ascensão é um grande passeio pela humanidade, pelas forças da filosofia, da psicologia, da religião. Olhamos para onde os grandes homens olharam, para conseguir entender como é o nosso próprio terreno e como podemos construir uma torre sólida que nos permita enxergar as coisas muito além.

Não é possível antecipar o que cada um verá do alto de sua própria torre. Alguns talvez vejam muito além de que eu mesmo vi. Então, a ideia é mudar a pessoa de forma ascensional.

Claro que isso vai trazer sofrimento. Como dissemos na introdução deste livro, para progredir, é preciso "morrer" um pouquinho, reinventar-se, abandonar algumas coisas. E isso vem acompanhado de dores, pesos e descobertas. Mas é exatamente nesse momento que conseguimos entender como a expansão funciona. Há um gasto de energia que gera sofrimento, desconexão, renovação e, enfim, alívio e bem-estar. É como a primeira etapa alquímica tratada acima – derreter a matéria bruta para eliminar as impurezas mais voláteis.

É interessante lembrar da definição de saúde da Organização Mundial de Saúde: *"um estado de completo bem-estar físico, mental e social e não somente a ausência de doenças e enfermidades"*. Saúde, portanto, não é ausência de doença, mas um conceito mais abrangente. É um estado, e não algo conquistado, pronto. É uma busca permanente por um completo bem-estar físico, mental e social.

Nesse sentido, nosso objetivo número um é ordenar e criar um fluxo, de preferência para cima. Se algo errado estiver ocorrendo e causando um movimento descendente, precisaremos reverter.

Primeiro, é preciso ordenar o ego para trazer um pouco de ordem às pulsões, aos vícios, ao caos. Devemos transformar, como os alquimistas fizeram, o bruto em harmonia, em beleza, em pureza e algum tipo de foco de luz que sirva para os outros também. Estamos falando de alguns conhecimentos e de uma profunda sabedoria de ação no mundo pessoal.

Nossas reflexões vão partir do que é mais sólido, mais condensado, mais concreto em direção aos aspectos mais sutis, elevados e transcendentais. Vamos começar pela medicina, que vê o corpo físico, a coisa mais concreta do ser humano.

A medicina funciona a partir de um sistema do corpo e vai se especializando, porque há muito a entender. São mecanismos que aparecem com a evolução da ciência, seus aparelhos, suas metodologias e seus testes.

Dentro das esferas clínicas, existe uma especializada na mais bruta, física, o nosso sistema nervoso central – a neurologia. O especialista analisa os neurônios, o tecido nervoso, a parte vascular, ou seja, ele vê todos os processos expansivos. Por vezes, observa alguns tipos de massas, volumes e tumores, trabalhando com os sistemas nervosos central e periférico em sua forma mais sólida.

É claro que algumas doenças são mistas, exigindo a intervenção de mais de uma especialidade, como a epilepsia ou a enxaqueca, por exemplo. Quando sabemos que não é somente a parte física, entra a psiquiatria. Nesse caso, vamos ver uma ligação entre a sutileza do substrato cerebral e da mente humana – da psique humana – e como que ela se dá no hardware, ou seja, na máquina física que é o cérebro.

Uma série de descobertas das últimas décadas contribui para a compreensão da neuroquímica cerebral e suas alterações – em especial quanto aos neurotransmissores, sua falta e excesso, sua função nas sinapses etc. É por isso que a psiquiatria pode ser comparada a um bebê nessa história, pois ainda está começando a entender o funcionamento da circuitaria neuronal.

Já existem alguns estudos da psique humana, mas como não existia a psicologia tal como a conhecemos hoje, foram os psiquiatras e os neurologistas que adentraram nesse campo. Nomes como Wilhelm Wundt (1832–1920), fisiologista e filósofo alemão; seu aluno, Emil Kraepelin (1856–1926), psiquiatra; e o neurologista austríaco Sigmund

Freud (1856-1939), fundador da psicanálise, são fortemente ligados ao que conhecemos como psicologia moderna.

Também a socioantropologia – estudo do homem na sociedade, seu comportamento coletivo, as culturas, as tradições e como as pessoas se relacionam com determinado ambiente – contribui nessa etapa da Ascensão. A antropologia e a psicologia nos orientam quanto ao que acontece dentro da nossa psique e com relação ao nosso papel, adequação e posicionamento dentro da sociedade – e das diferentes culturas.

Importa também destacar a atuação da filosofia, que sempre existiu como busca pela sabedoria, amor pelo conhecimento.

Como último andar dos nossos estudos situa-se a religião, a esfera mais alta, o topo da hierarquia pela possibilidade de uma conexão com o transcendental. Religião, um religar da carne, da matéria com o transcendente; do imanente para o transcendente. Dentro da abordagem da teologia são explicados os dogmas, as certezas, os axiomas e as práticas que vão elevar o ser humano.

Isso é importante pelo fato de que, quando diante de qualquer um desses profissionais, é preciso entender que eles estão quase sempre concentrados apenas nos assuntos centrais de seus estudos, frequentemente ignorando as outras especialidades e possibilidades. Muitas vezes, o não-reconhecimento do humano como um ser complexo e interconectado prejudica o diagnóstico e, grosso modo, a "cura" ou o "controle" da patologia.

A religião, enquanto um importante fator de significação e ordenação da vida, caracteriza-se como extremamente variável ao longo do tempo e do espaço e não nos cabe aprofundar os tantos estudos sobre a religiosidade intrínseca e extrínseca. Para melhor compreensão dos objetivos da Pirâmide, cumpre falar, por exemplo, que é possível que uma pessoa extremamente religiosa despreze completamente a medicina, depositando todo o caminho para a cura na sua fé. Um dos casos mais famosos do mundo é o do cantor jamaicano Bob Marley (1945–1981), que desenvolveu um tumor e não pôde fazer o tratamento indicado por conta de suas crenças.

Dessa forma, para além dessa perspectiva limitadora, desenvolvi uma Pirâmide extremamente simplificada justamente pela quantidade de constituições que a integram. Outros tentaram caminhos bem mais complexos, mas não há como perceber tudo, todo o mundo de possibilidades do ser humano. Criei, portanto, uma coisa extremamente rudimentar, uma pirâmide de quatro andares que objetiva justamente facilitar, orientar, encaixar. Nos próximos capítulos, vou apresentar alguns exemplos de constituições que servem como referência para nós na busca pelo entendimento da personalidade humana, da infância até a morte.

CAPÍTULO V

Nada proporciona melhor capacidade de superação e resistência aos problemas e dificuldades em geral do que a consciência de ter uma missão a cumprir na vida.

– VIKTOR FRANKL –

Etimologicamente, a palavra personalidade tem origem grega (*persona*, máscara). Carl Jung (1875– 1961), psiquiatra suíço e fundador da psicologia analítica, disse certa vez: *"persona é a máscara usada pelo indivíduo em resposta às convenções e tradições sociais"*. Para ele, a maneira como uma pessoa se adapta ao mundo é a sua máscara. Acredita-se que a origem do termo reside no teatro grego, que usava as máscaras na representação de diferentes modelos de vida. Atualmente, associa-se a palavra personalidade à definição de quem a pessoa é: comportamentos, gostos, valores que norteiam a vida do indivíduo.

Vários fatores influenciam a formação da personalidade, dentre eles, destaco o temperamento, os valores da criação familiar, a formação do imaginário e a consciência.

Quando a pessoa vem para esse planeta, ela "ganha" uma série de coisas: um corpo, um sexo, uma genética e outras. Mas também fica diante de um temperamento cíclico que a acompanhará para o resto da vida, embora possa ser educado a partir da consciência. Os temperamentos são de quatro tipos: fleumático, melancólico, sanguíneo e colérico.

O tipo fleumático é o sujeito mais tranquilo, que não se incomoda com nada, raramente dá opiniões, não briga com ninguém, e evita conflitos. Tem um cruzamento muito forte com os quatro elementos da Terra. Ele é muito etéreo, moldável, flexível, pacífico.

O tipo melancólico tem uma tendência à tristeza, à introspecção, a ficar um pouco mais fechado em si, a levar tudo para o pessoal. Suas reações são mais lentas, são pessoas muito observadoras e ficam ressentidas facilmente. Seus movimentos são mais brandos.

Por seu lado, o tipo sanguíneo é uma pessoa que fala muito e tem tendência à superficialidade. Fala com todos, sempre rodeados de amigos, é líder, mas tem muita dificuldade de manter laços afetivos duradouros. É muito aventureiro e vive em alta velocidade.

Finalmente, o tipo colérico tem tendência maior à beligerância, mas executa muito bem as tarefas. É rígido nas palavras, um pouco mais severo. Pensa muito rápido, é um excelente líder, bom trabalhador, tem muita energia. Porém, é ríspido, seco, duro.

Ao lado do temperamento, incidem valores da criação familiar, que nos direcionam ao que é certo e ao que é errado. Levam as pessoas a rejeitar determinadas coisas e a buscar outras. Os valores ensinados pelos pais, a maneira pela qual são transmitidos, os exemplos de suas condutas e decisões podem estruturar toda a vida.

O imaginário é a maneira que a pessoa projeta sua vida conforme o que ela entende ser sua realização. Essa projeção é formada a partir das histórias que ela consome ao longo de sua existência, especialmente na infância. Literatura, cinema, música, arte, cultura ajudam a moldar o imaginário do homem e a sua personalidade.

A consciência é um farol que o guia para a formação da personalidade ideal, ou seja, para uma vida ser bem-sucedida, é necessário que a inteligência submeta a vontade ao seu império, e não o contrário.

Desde as civilizações mais antigas – Egito, Mesopotâmia, Índia, China – é possível identificar tentativas de explicar a natureza humana, ou seja, como ocorre a relação entre nossos corpos e os fenômenos mentais. Foi da Grécia antiga, principalmente, que herdamos muito do que ainda hoje nos fascina e inspira: a mente, a alma, as emoções, a personalidade, a consciência e tantos outros interesses que seguem alimentando pesquisas científicas e discussões religiosas e filosóficas. As bases do pensamento ocidental atual têm forte relação com o pensamento filosófico grego.

Abaixo, apresento um dos esquemas mais simples da filosofia grega. Os gregos dividiam o ser em 3. A primeira parte é o corpo físico, somático, material. A segunda parte é a psique ou a mente humana. A terceira é o *nous*, a vida espiritual, a vida superior. Vou ilustrar com um diagrama simples, de três círculos:

```
    NOUS
   PSIQUE
    SOMA
```

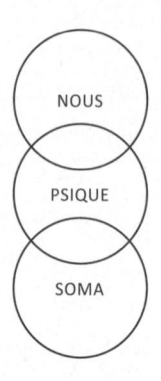

Embaixo, temos o corpo somático, material, no meio temos a psique, e o *nous* em cima. É possível perceber que há duas áreas de interseção que representam as relações com o mundo, embora todas as partes estejam conectadas – o ser humano é uno.

No entanto, ao invés de viver segundo o espírito, muitos homens vivem invertidos, buscando o que há de mais baixo. Esse é um dos principais males da vida contemporânea, viver para satisfazer a carne. O objetivo principal é conseguir prazer: comidas, bebidas, carinhos, sexo e drogas são o centro de muitas vidas. O lema é "fuja da dor, busque o prazer".

O desenvolvimento da inteligência e o agir que busca o bem (diferente de prazer) realizam mais o homem, guiam-no para o que há de mais elevado, o valor do espírito.

Trazendo para o campo da terapia é possível imaginar um paciente jovem que chega ao consultório com a dúvida: "não sei se estou interessado naquela moça". É fácil identificar uma conexão somática entre jovens. Ele tem muita libido; ela tem muita libido. Eles se conectam soma com soma.

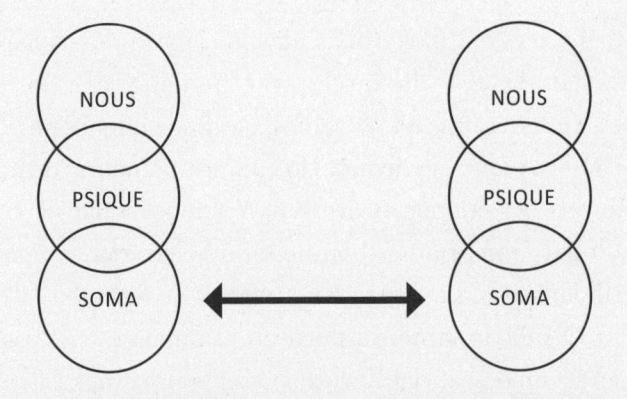

E com relação ao mundo inteligível, ao mundo das ideias? É possível dividir o humano em (a) desejo, *epithumia* (grego), que representa o que a pessoa quer, o que cobiça; (b) a razão, o *logos*; e (c) o espírito, o *thumos*. É na psique que está o que já comentamos: o pensamento, a emoção, a razão, a memória, e por aí vai. Na prática, estamos falando do mundo das ideias, do que a pessoa quer da sua vida, de como ela articula seus projetos. Se imaginarmos um casal, por exemplo, é interessante que haja uma boa conexão de psique, que conversem bastante.

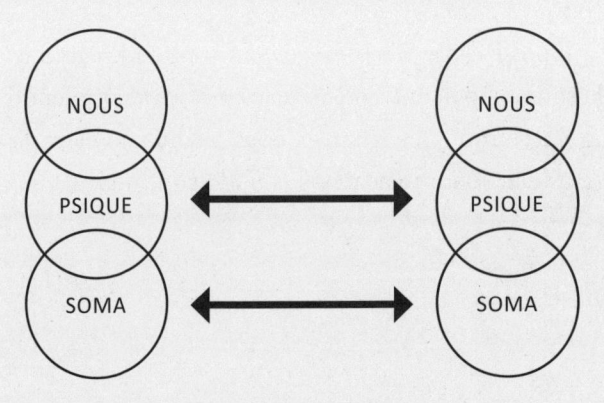

O *nous* é a parte mais elevada, fonte de verdade e sabedoria. É a alma, o espírito humano, os valores. Nessa esfera quase não tocamos, damos pequenos passos e estamos diante do divino. No entanto, a maioria de nós não vive isso, tampouco vive sempre. Então, as interseções são muito importantes porque são espaços onde é mais fácil dar saltos, são espaços mais fáceis de entender.

O relacionamento perfeito atingiria o *nous*, três grandes uniões, a relação entre pessoas que compartilham os mesmos valores.

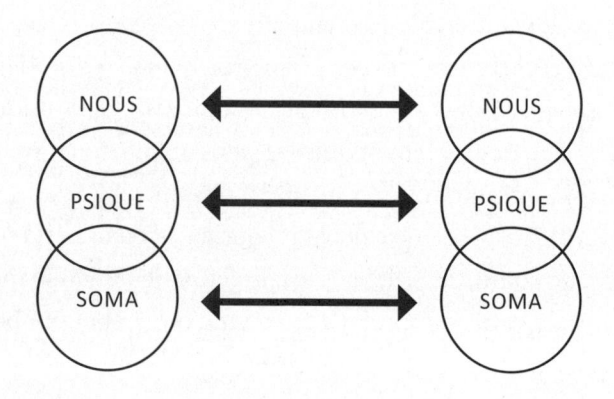

```
  NOUS    ⟷    NOUS
 PSIQUE   ⟷   PSIQUE
  SOMA    ⟷    SOMA
```

É possível que o *nous* esteja bem conectado e a conexão pela soma não aconteça. Às vezes, ela vai se perdendo ao longo do tempo, no entanto, com a conexão elevada do *nous*, a relação entre as pessoas pode continuar forte.

CAPÍTULO VI

*Exige muito de ti e espera pouco dos outros.
Assim evitarás aborrecimentos.*

– CONFÚCIO –

Vimos o esquema grego – um dos principais, ainda que muito simples –, que nos ajuda a nos relacionarmos melhor. A seguir, vou apresentar um segundo esquema, a Constituição Septenária (sete camadas), que é uma teoria de Arthur Powell (1882–1969), teosofista e escritor galês, baseada na antropologia hindu.

Trata-se de uma perspectiva capaz de mudar a própria vida, uma vez que seja bem compreendida. Aconteceu comigo e com muita gente que conheço.

Imagine uma figura como essa, quatro andares embaixo, uma pequena garganta e mais três andares em cima:

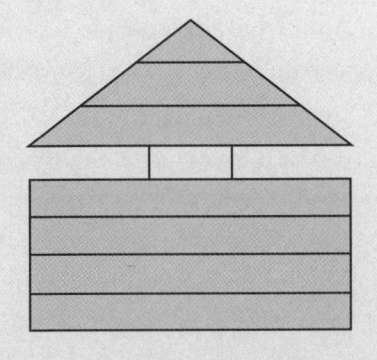

Pense nisso como um prédio de sete andares. São sete divisões, sete coisas, sete substratos que acontecem no corpo ao mesmo tempo. São sete níveis que podem ser subdivididos em mais sete e assim por diante, sempre na lógica das hierarquias já tratada anteriormente.

Se tomarmos os tecidos como exemplo, podemos comparar o tecido epitelial ao tecido muscular. Eles não têm o mesmo valor, há uma hierarquia. Do mesmo modo, dentro do esquema ósseo: se compararmos os ossos dos dedos da mão com o crânio, também é possível ver uma hierarquia. Limitando ainda mais o alcance, se compararmos os próprios ossos da mão, também será possível perceber que existem pequenos, grandes, alguns iguais, outros na base; e cada um tem uma função, um valor diferenciado, uma importância para o funcionamento da mão.

O que estou apontando é que há "hierarquias dentro das hierarquias" – como fractais –, e a consciência perpassa absolutamente todos os graus, todos os níveis, mesmo que não tenhamos pleno controle de tudo o que está acontecendo em nosso corpo em dado momento. Ainda que a pessoa não tenha plena consciência de todas as batalhas que acontecem entre os leucócitos, linfócitos e os vírus e bactérias do seu corpo, ou que não controle toda a cascata de coagulação, essas coisas continuam acontecendo em seu corpo.

Embora não seja simples, há métodos que possibilitem o deslocamento do eixo da consciência – um treinamento, por assim dizer, que possibilita que o sujeito esteja em estado de atenção com relação ao próprio organismo.

Contemplamos, em geral, apenas a esfera física, mas sabemos que existem outras superiores e que é possível migrar entre elas. Desse modo, quando olhamos apenas para uma dessas esferas, elegemos uma daquelas ciências já comentadas aqui: psicologia, filosofia, religião, psiquiatria, neurologia etc.

Retomando a última ilustração, no triângulo de cima temos a chamada identidade, ou *self*. No quadrado de baixo, o ego ou a personalidade. Os conceitos se interpenetram entre si, são abstratos.

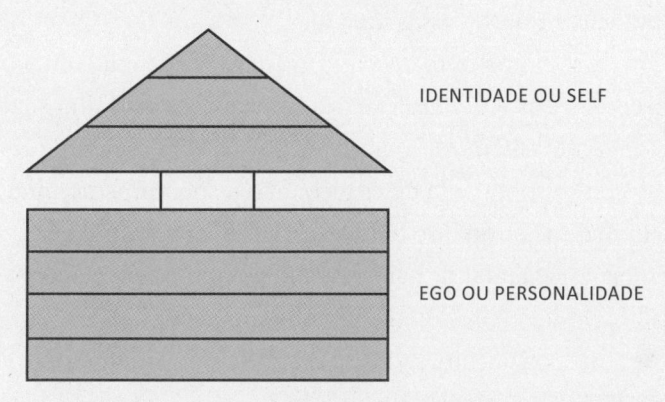

IDENTIDADE OU SELF

EGO OU PERSONALIDADE

Ora, então, por exemplo, se vivo pelo ego, pela minha personalidade, ainda não consegui conceber a minha identidade, o meu "eu espiritual". Do mesmo modo que na ilustração grega que vimos anteriormente, as partes mais concretas ocupam o andar de baixo.

O primeiro andar é o físico – estímulos físicos, percepções físicas, interações com o meio, as ações mais constantes. Logo em cima, temos o chamado *prana* ou "duplo etéreo" por conta da substância que se acredita ser quase uma aura, tão sutil que até hoje ninguém conseguiu trazer para o mundo da ciência. É a vitalidade do ser humano, a vida em si. Ora, um corpo sem *prana* é um cadáver.

A seguir, nós temos o astral, ou plano astral, que chamaremos aqui de emocional, os sentimentos, algo mais nobre. O último andar do quadrado representa a mente racional chamada pelos hindus de *kama manas*. É essa mente que transforma as sensações do corpo, julga, faz uma espécie de filtro, transforma as sensações em imagens e guarda essas imagens.

Esse é um ponto delicado, que favorece muitos erros, preconceitos e generalizações impróprias. As falhas na atenção também estão aqui. A pessoa não consegue se concentrar por conta desse turbilhão de pensamentos que acontece nesse quadro e, às vezes, também pelo excesso de emoções no andar de baixo. Assim, nós temos um pequeno exemplo da expressão do ego ou da personalidade.

Ao pensar em ego, imediatamente remetemos ao egoísmo. Se nos restringirmos ao quadrado inferior, tendemos a pensar exclusivamente em nós mesmos. A mente racional – aquela que calcula – vai buscar o melhor para si, desconectando-se das necessidades dos outros e focando apenas no próprio desejo.

No entanto, o primeiro dos três andares superiores, o *manas*, representa a mente sábia, a mente pura, o corpo causal, a sabedoria humana. Aqui começam os valores, as virtudes, os pensamentos e conceitos mais abstratos como, por exemplo, saudade.

Ao atingir essa etapa, a pessoa começa a viver uma espécie de pequenas inserções no mundo da intuição. Não é a intuição, mas a percepção de si no mundo. Não é mais apenas um corpo buscando a sobrevivência e a satisfação egóica, mas um indivíduo em ação. Na mente *manas*, a pessoa começa a conceber sua conexão com seu mundo, ou seja, começa a desenvolver relações mais profundas com seus valores, suas atitudes, suas responsabilidades.

Existem muitos exemplos de assuntos que podem ser entendidos pela mente *manas*, capaz de compreender e integrar conceitos e ideias complexas e universais que transcendem a percepção sensorial e a compreensão intelectual comum:

- Conceitos abstratos, tais como justiça, verdade e beleza;
- Princípios ou leis universais, tais como lei da causa e efeito, lei da vibração e outras;
- Ideias complexas, tais como as teorias filosóficas que explicam a natureza da existência e do universo;
- Leis espirituais e princípios éticos, como a compaixão, o perdão, o amor incondicional e outros;
- Experiências místicas e transcendentes, como a meditação, a introspecção e a contemplação.

Todas são buscas por entendimentos de vivência até atingir o andar acima, o Búdhi.

A primeira crítica que faço a essa constituição é que raramente alguém chega aos andares de cima. Explicar o Búdhi é como descrever cor para um daltônico.

É extremamente difícil. São experiências raras que a maioria das pessoas não têm, não tiveram e jamais viverão.

Observamos uma mente mais pura, que percebe as coisas tais como elas são. É pautada na verdade – vê a verdade, não a aparência. No Búdhi, é como se estivesse olhando o mundo através de uma quarta dimensão, completamente exclusiva de raros seres humanos, talvez nem 0,1%.

Para os hindus, é onde encontra-se o discernimento, a intuição e o conhecimento transcendental. Aqui observamos a sabedoria para alcançar um estado de iluminação ou de consciência superior. Alguns exemplos que podem ser abordados e entendidos pela mente Búdhi são:

- Conhecimentos espirituais e filosóficos, como as escrituras sagradas, as palavras de mestres espirituais e a sabedoria dos antepassados;
- Compreensão profunda e intuitiva dos mistérios da vida e do universo, como a natureza do ser humano, o propósito da existência e a relação entre o eu individual e o todo universal;
- Percepção da realidade além das aparências, incluindo a experiência da unidade divina, a consciência cósmica e a experiência de Deus;
- Discernimento e sabedoria para questões profundas da vida. Prática da verdade;
- Compreensão da verdadeira natureza da mente e da consciência, além da capacidade de transcender os limites da mente e alcançar estados mais elevados de consciência.

Essa pessoa sabe exatamente o que é certo e o que é errado. Ela está alinhada com o *karma* e o *dharma*, e conseguiu ler a verdade do mundo, acessou um outro campo. Trata-se de uma visão que vai além da ilusão, ali ato à força de vontade, experimenta um altruísmo muito grande. Ela está afastada do ego, não vive mais o egoísmo, está bem purificada.

Então, ao pensar na mente pura, no *manas*, observamos conceitos e leis extremamente abstratos como, por exemplo, a lei do *karma*, a lei da vibração hermética, os princípios universais como a justiça, a verdade, a ética, a transcendência, e outros. A mente pura vive experiências meditativas e faz projeções astrais, com grande poder de contemplação do mundo e entendimentos amplos do que está acontecendo na sociedade, o presente e sua relação com o passado e o futuro.

Por seu lado, o Búdhi não está buscando a verdade, mas ele é a prática da verdade, da empatia, da solidariedade, do altruísmo. Ele integra todos os conhecimentos, ligando-se à intuição, à vontade e ao transcendental. É um estado de iluminação, uma compreensão intelectual muito profunda que carrega toda a sabedoria dos antepassados e a transforma numa espécie de intuição pura, sem precisar recorrer a nenhuma fonte de orientação. Ele sabe exatamente o que tem que fazer. Trata-se de alguém que entende, sem dificuldades, os vários mistérios da vida, o propósito da existência, a relação do indivíduo com o universal – para além do tempo. Ele está mudando a história do mundo.

No topo da cadeia está o *atma*, que é um ponto de energia 100% expansiva, uma energia muito pura e que representa um entendimento pleno daqueles que conseguiram dominar inclusive as esferas físicas. São pessoas que não vivem o intelecto ativo, mas em plena passividade do divino. Extremamente resguardadas, têm o controle total da constituição – do próprio físico e, possivelmente, da matéria alheia a si. Elas recebem energia vital diretamente do divino e fazem o que têm que fazer, mas não se expõem. Não têm mais nada a praticar – é uma experiência de unidade com o divino, muito difícil de conceber em palavras, inefável.

Ele está liberado do ciclo de *Samsara*, termo de origem no sânscrito, que significa "fluxo contínuo" e é usado no budismo para representar nascimento, velhice, decrepitude e morte, ciclo do qual todos os seres do universo participam e só podem escapar por meio da iluminação. Apenas a iluminação liberta.

O ser sai desse ciclo porque acabou, não precisa buscar mais nada – nem prática, nem conhecimento, nem sabedoria. Ele realiza a imortalidade do espírito, 100% puro. Ele se harmoniza plenamente com as leis da natureza (ou, do ponto de vista da cosmologia, com as organizações divinas).

Atma é considerada a essência divina e eterna do ser humano, que transcende a mente e o corpo. É responsável por guiar a busca do ser humano pela verdadeira natureza do eu e pela realização da união com o divino, por meio do autoconhecimento e da experiência de unidade com o todo universal. Alguns exemplos:

- A natureza verdadeira do eu, além das identificações com o corpo, a mente e o ego, envolve a união com o divino;
- A experiência da unidade com o todo universal, incluindo a percepção da interconexão entre todas as coisas e a consciência cósmica;
- A busca pela liberação do ciclo de *Samsara* e a realização da imortalidade do espírito;
- A busca pelo caminho da virtude e do Dharma, ou o propósito da vida, que envolve a harmonização com as leis universais e a busca pela realização da felicidade duradoura.

Da mesma forma que existiu a conexão entre os três pontos da constituição grega, na Constituição Septenária é importante separar o triângulo da parte de baixo e imaginá-lo dentro de um círculo:

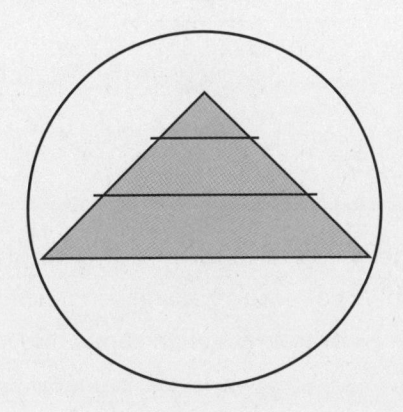

Existe uma união íntima entre esses triângulos, que se refere ao espírito humano. Porém cabe uma outra crítica ao desenho dessa constituição, que se refere às diferentes concepções e crenças sobre o espírito. Os estritamente cristãos pensam que espiritualistas, ocultistas, espíritas e outros veem o corpo humano como uma prisão, um peso, e chamam a isso de *gnose*. No entanto, não podemos considerar o corpo humano como uma prisão.

A consciência transpassa todo o desenho (como a linha vertical traçada abaixo) e, ao rasgar o círculo, extraem-se vários outros triângulos, como na ilustração:

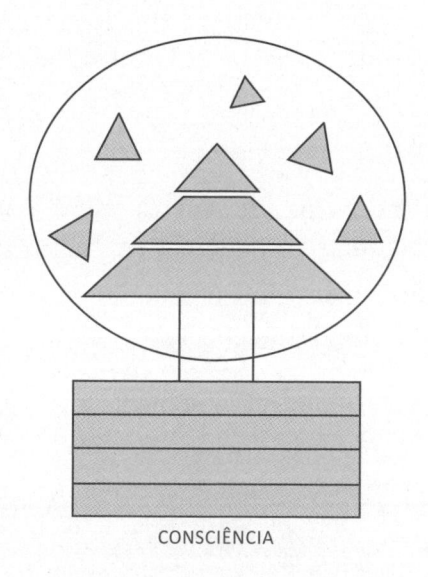

CONSCIÊNCIA

Esse grande círculo é uma espécie de uno, a finalidade essencial de todos os seres humanos, conforme a filosofia. Respeitadas as diferenças conceituais, todas as outras religiões, tribos e povos também o reconhecem: o Tao, o

Grande Espírito, o Sopro Divino, o Ar Sagrado etc. São, portanto, formas diversas de nomear essa mesma união, essa tríade espiritual superior que se conecta em todas as almas do mundo. Isso é, de fato, muito interessante.

Quando a pessoa consegue passar para a parte de cima da ilustração, ela começa a se tornar uma pessoa mais altruísta, começa a sentir a dor do outro, querer o bem do outro, ter uma visão mais social.

Há uma passagem bíblica de João 14 que ilustra bem o que está sendo dito:

> E eu pedirei ao Pai e Ele dará a vocês outro Conselheiro para estar com vocês para sempre, o Espírito da Verdade. O mundo não pode recebê-lo porque não o vê, nem o conhece. Mas vocês o conhecem, pois Ele vive com vocês, estará em vocês. Não os deixarei órfãos. Eu voltarei para vocês. Dentro de pouco tempo o mundo não me verá mais. Vocês, porém, me verão. Porque eu vivo, vocês também viverão. Naquele dia compreenderão que estou em meu Pai, vocês em mim e eu em vocês.

Pelo trecho acima é possível perceber justamente onde está a conexão entre a base e a parte superior da Constituição Septenária. A narrativa hindu *Bhagavad Gita*[4], que resumo a seguir, ilustra também essa passagem.

---

4. Muitas vezes referida apenas como Gita, é uma escritura hindu de 700 versos, parte do Mahabharata, originalmente escrita em sânscrito por volta do século I d.C, de autoria atribuída ao sábio Vyasa.

Arjuna era um guerreiro que já tinha dominado a esfera inferior, já conhecia muito bem seu próprio corpo, sua vitalidade, já tinha dominado suas emoções, seus instintos e tinha um bom ordenamento dos seus pensamentos. Certo dia, durante a batalha de Kurukshetra, chegou à Cidade da Sabedoria e se viu diante de um exército. A Cidade da Sabedoria representa aqui o *manas*, o andar de baixo da Tríade Superior, a Mente Sábia.

Ele então se deu conta de que o exército inimigo era a sua própria família. Trata-se de uma analogia sobre os inimigos, que são íntimos, próximos.

Nesse momento, Arjuna pensou: "de jeito nenhum eu vou combater, matar minha família! Isso é loucura!"

Surgiu Krishna, uma grande deidade hindu, que explicou a ele que não há opção senão lutar, seguir na guerra. Arjuna, no entanto, continuou se recusando a matar a própria família, usando argumentos lógicos, típicos da representação do Quaternário Inferior.

Krishna explicou que os argumentos racionais não serviriam porque Arjuna precisava destruir os inimigos para conquistar a Cidade da Sabedoria – é necessário fazer coisas que não têm sentido para a mente racional de forma a alcançar o *manas*.

Muitas vezes, não enxergamos racionalmente uma explicação para nos sacrificarmos pelo outro. É difícil, por exemplo, aceitar a ideia de dar dinheiro a um mendigo, porque ele nunca vai retribuir a ajuda, não vai falar bem do doador, e talvez até cuspa em sua cara. Ainda assim, a mente verdadeiramente sábia o ajuda.

Enquanto a mente racional (a que calcula, que fragmenta, e não a Razão tal como os gregos conheciam) questiona se a sociedade vive melhor dessa forma, a mente sábia segue agindo. A mente racional não consegue entender a mente sábia, a mente de *manas*, porque "não faz sentido."

Então, essa Constituição Septenária vai ser útil por toda a vida. É sempre bom retornar a ela, relembrar, estudar e aproveitar seus ensinamentos. Percebemos que é possível estabelecer um paralelo entre as duas constituições, a grega e a septenária. Esquematicamente, temos:

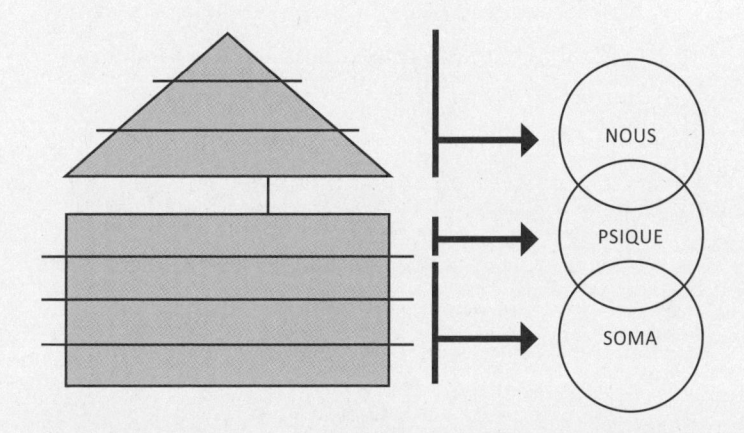

É sempre bom lembrar que essas separações e classificações são meras estratégias da inteligência humana para compreender melhor a realidade. O ser humano é uno, um todo; não nos custa repetir.

CAPÍTULO VII

Ser feliz ao realizar a jornada pode ser muito melhor do que chegar ao seu destino com sucesso.

– JORDAN B. PETERSON –

Nesta próxima etapa de estudo, imagine-se diante de um terreno, um lugar bem bonito onde você pretende construir uma torre de doze andares.

A primeira coisa a fazer é examinar o solo, onde será fincada a estrutura. O construtor pode estar diante de areia movediça, mas precisará de um chão sólido, bem firme antes de delimitar e demarcar o território para começar a construção.

A altura da torre – doze andares – representa um número que também tem forte simbologia na mitologia. São doze os principais deuses do Olimpo grego, por exemplo. Na religião cristã há doze apóstolos, doze tribos de Israel. Em uma das tantas interpretações de religiões de base africana, são doze orixás principais etc. Um ano tem doze meses. O Ocidente adota doze signos astrológicos. Mas não se esgotam as referências.

De um modo geral, o doze representa completude, perfeição e harmonia. Na espiritualidade, o doze está associado à conexão com o divino e à busca pela iluminação. Nas cartas do Tarot, o doze se relaciona ao Enforcado, que simboliza sacrifício e renascimento. Ou seja, há muitas interpretações possíveis, dependendo das tradições e crenças de cada um, mas todas abrigam importantes ensinamentos.

Uma das narrativas mitológicas greco-romanas mais lembradas, Hércules, traz lições importantes em cada um de seus doze trabalhos, fundamentais na busca pela Ascensão, propósito maior dos ensinamentos deste livro.

Zeus, o rei dos deuses olímpicos, engravidou sua amante Alcmena, uma mortal. Dessa união, nasceu Hércules. Hera, a esposa de Zeus, ficou furiosa e criou todo tipo de maldades contra o semideus, provocando até um acesso de loucura no qual ele matou sua esposa e seus filhos.

Hércules se isolou quando percebeu o que havia feito, mas foi encontrado por seu primo Teseu, que o convenceu a consultar um oráculo para recuperar sua honra. A penitência consistia em servir Euristeu, a quem ele odiava, por doze anos e cumprir as doze tarefas que ele ordenasse. Ao final, Hércules se tornaria imortal.

A primeira tarefa foi matar o leão de Nemeia, um animal invencível que atacava os rebanhos da região, detentor de força brutal. Depois de mais de uma tentativa, Hércules o estrangulou. A lição principal é que a luta pelo aperfeiçoamento começa dentro de nós. É preciso alcançar seus recursos internos, sua inteligência, sua energia. O grande desafio é buscar a harmonia e seu poder de ação.

O segundo trabalho foi matar a hidra de Lerna, um monstro de nove cabeças, cada uma simbolizando um vício. Sempre que as cortava, regeneravam-se. Hércules, então, pediu a ajuda de um sobrinho que, com uma tocha, queimou cada uma das partes cortadas para que não renascesse. Enfim, Hércules chegou à cabeça principal, a qual arrancou e enterrou. Essa missão do semideus nos ensina a identificar o problema central e enfrentar nossos medos, superando os obstáculos periféricos.

O terceiro trabalho foi capturar – e não matar – a corça de Cerineia, um animal sagrado que vivia na floresta. A lição observada é a importância da paciência e a sabedoria para atingir nossos objetivos. A corça era linda, um elemento raro, extremamente veloz, um animal de grande habilidade. Não seria possível simplesmente sair correndo atrás dela. Era preciso inteligência e estratégia. Hércules dominou o animal segurando-o pelos chifres que representavam a iluminação, apontados para cima como uma seta, um sinal de transcendência. Os cascos eram de bronze, uma coisa rara, de peso, uma conexão com a terra, a parte material. Então, o semideus substituiu os impulsos por algo mais brando, sensível. Enxergamos um elemento de dança, de suavidade, que o homem precisa aprender.

O quarto trabalho foi capturar o javali de Erimanto, animal selvagem, agressivo, que destruía plantações e outros animais. Hércules demorou alguns anos para conseguir cumprir essa ordem. Na época, o javali era um monstro que não respeitava nenhuma fronteira, era egoísta, invadia fazendas. A mensagem que fica dessa tarefa é que cada um de nós tem dentro de si uma fera que precisa domar, aprendendo a reconhecer o nosso espaço e o de outras pessoas. Trata-se de um teste para que vençamos o egoísmo.

No quinto trabalho, Hércules teve que limpar os enormes estábulos do rei Áugias, que nunca haviam sido limpos. Ele desviou o curso de um rio e realizou a tarefa. A sujeira acumulada é uma metáfora de raiva, angústia, emoções negativas. É preciso fazer uma limpeza interior, diariamente, honestamente, e limpar os pensamentos. A organização, a presença da água e o ordenamento das emoções facilitam o curso da vida, simbolicamente representado pelo rio.

A sexta missão de Hércules foi matar os pássaros do lago Estínfalo, animais superagressivos e que aparecem em algumas narrativas como carnívoros, devoradores de homens. A referência aos pássaros, em geral, traz a ideia de pensamentos conturbados, erráticos, problemas da razão. Para matá-los, Hércules atordoou-os com sons ensurdecedores e conseguiu acertá-los com suas flechas envenenadas. A lição deixada é de intuição. O som é a nossa voz interior. O excesso de trabalho, a pressa, o estresse, são os pássaros. É preciso dar prioridade, escolher um objetivo melhor, um problema de cada vez. Qual é a característica simbólica do arco e flecha? Eles atingem apenas um alvo por vez. A flecha envenenada mostra uma elaboração, uma estratégia, nada típico de uma pessoa tola.

O sétimo trabalho foi capturar o touro de Creta, um animal sagrado enviado por Poseidon a pedido de Minos, sob a condição de que fosse sacrificado em seu nome. Minos descumpriu a ordem, e sacrificou outro touro qualquer. Para capturar o touro, Hércules dominou-o pelos chifres e o levou até Euristeu após uma longa jornada. A mensagem dessa narrativa é a habilidade de dominar as paixões, a luxúria, os instintos, a sexualidade. Mas, perceba: eliminar a libido, teoricamente, extirpa o interesse pela vida. Hércules precisou manter o animal vivo. Ou seja, o sujeito não pode matar os seus instintos, precisa governá-los.

No oitavo trabalho, Hércules precisou capturar as quatro éguas de Diomedes, que alimentava seus animais com a carne dos estrangeiros que apareciam em suas terras. Hércules invadiu o palácio, mas percebeu que as éguas estavam famintas e deu o próprio corpo de Diomedes para que elas se alimentassem. Como no trabalho anterior, foi mais um passo para o herói se aperfeiçoar na arte de amar. Ele precisou se entregar com o coração, com sinceridade, e não ser movido por atrações físicas. Essa é a simbologia da égua, um cavalo-fêmea.

No nono trabalho, precisou obter o cinturão mágico de Hipólita, símbolo de seu poder e autoridade como rainha das amazonas. Ele não conseguiria fazê-lo pela força; deveria conquistar o coração daquela mulher brava, guerreira. Há muitas versões dessa narrativa, como geralmente acontece com os mitos, mas a lição que fica aqui é a importância de construirmos laços afetivos duradouros. Vemos um Hércules mais romântico.

Seu décimo trabalho foi obter o gado de Gerião, um gigante de três cabeças, dono de um cobiçado rebanho vermelho. Depois de uma grande viagem, ele conseguiu apoderar-se do gado, mas ainda precisava levar o rebanho para Euristeu. No caminho, encontrou outro gigante, Anteu, filho de Poseidon e Gaia, que recobrava suas forças sempre que tocava a terra. Para derrotá-lo, Hércules precisou erguê-lo no ar e lutar até sua morte. A lição aqui é sobre cobiça e materialismo. Gerião, Anteu e os bois simbolizam as posses, mas a verdadeira riqueza está dentro de nós e é eterna.

Sua décima primeira missão foi obter as maçãs de ouro do jardim das Hespérides. Em uma das versões do mito, elas eram deusas primitivas que representavam o espírito primaveril da natureza. Para chegar ao seu jardim, Hércules percorreu um longo caminho, passando por várias provas. No final da jornada, viu Atlas vergando sob o peso do mundo em seus ombros. O semideus esqueceu das maçãs e ajudou Atlas, segurando o firmamento para que o titã descansasse. Atlas encontrou o dragão que protegia o jardim e o matou. Nesse momento, uma das guardiãs das maçãs entregou três a Hércules para levá-las a Euristeu. De um modo geral, a lição desse trabalho tem relação com o coração (a maçã) e a fraternidade, uma força fecunda e criadora dos homens, um poder mais elevado, herança de todos que são filhos de Deus. Ou seja, é uma paixão nobre.

Seu último trabalho, o décimo segundo, foi capturar Cérbero, o terrível cão de três cabeças, guardião do mundo dos mortos, o reino de Hades. Novamente o semideus enfrentou grandes desafios para chegar e, ao ver-se diante de Hades, contou-lhe seu destino. A Hércules, foi permitido levar Cérbero, desde que não o ferisse, carregasse-o nos ombros, e o trouxesse de volta. Quando Euristeu descobriu que o temível cão estava sendo trazido, escondeu-se e ordenou que Hércules se afastasse da cidade para sempre. Liberto de suas tarefas, Hércules levou o cão de volta e seguiu seu caminho. A mensagem que fica dessa missão fala de imortalidade, de envelhecimento e de transcendência. Mesmo atacado diversas vezes pelo cão durante os trajetos, Hércules não desistiu e não deixou que sua alma sofresse com as transformações do corpo.

Aplicando à torre de doze andares mencionada no início deste capítulo, devemos passar por provações, extrair seus ensinamentos e, finalmente, alcançar patamares mais altos.

CAPÍTULO VIII

A escolha determina o destino.
– LÉOPOLD SZONDI –

Agora que analisamos brevemente algumas das possibilidades de aprendizado ligadas ao simbolismo do número doze, podemos partir para a análise da teoria do filósofo Olavo de Carvalho (1947–2022).

A Teoria das Doze Camadas, como é conhecida, diz respeito à evolução natural da personalidade de um indivíduo comum. Ela pode ser amplamente aplicada porque encontra um elo praticamente comum à formação de todas as pessoas. Independentemente da história de vida, a maioria de nós passa pelo mesmo centro motivador de acordo com a fase em que nos encontramos. Dizendo de outra maneira, a teoria identifica, de maneira clara, qual é a real motivação de uma pessoa conforme a fase de sua vida.

Para elaborar sua teoria, Olavo de Carvalho inspirou-se em diferentes autores e fontes, principalmente Léopold Szondi (1893–1986), Jean Piaget (1896–1980), Leon Festinger (1919–1989), Sigmund Freud (1856–1939),

Carl Jung (1875–1961), Cyril Burt (1883–1971), Hans Eysenck (1916–1997), Alfred Adler (1870–1937), e muitos outros, além de algumas escolas psicológicas e perspectivas culturalistas.

Seu pensamento organizou-se em torno da ideia de que cada camada é a síntese da personalidade naquele momento. Assim, cada mudança representa uma alteração do todo, e esse movimento se refere a um novo objetivo de vida, um novo foco que atrai todas as energias e, a cada nova camada, há um novo padrão de autoconsciência.

Para Olavo de Carvalho, as camadas podem ser de duas naturezas: as camadas integrativas, que fecham a personalidade em um quadro definido (camadas 1, 2, 5, 6, 8 e 11), e as camadas divisivas, que abrem a personalidade para o ingresso de influências externas, rompendo o equilíbrio anterior e desencadeando a luta por uma nova e superior integração (camadas 3, 4, 7, 9, 10 e 12).

As camadas podem ser assim identificadas:

1. Caráter, domínio do próprio corpo, astrocaracterologia

Olavo de Carvalho fala em astrocaracterologia, termo proposto por ele no final da década de 1980 para designar uma teoria astrológica de fundamento cognitivo (ou das faculdades cognitivas e dos corpos celestes). Trata-se de uma espécie de mapeamento cognitivo pessoal que permite diagnosticar as direções para as quais a atenção, os valores e o sistema de casas astrológicas vão influir na construção do destino de alguém.

Isso quer dizer que a pessoa nasceu em determinado lugar e não em outro, resolveu erguer sua torre nesse lugar e não em outro, nasceu nessa cultura e não em outra, nasceu nesse tempo e não em outro.

Segundo astrólogos, místicos e afins, quando de seu nascimento, a pessoa recebe influências do céu. No entanto, será que o céu, suas estrelas e seus planetas influenciam a personalidade? Ou, pelo fato de alguém ter nascido em determinado mês, coisas acontecem? Ora, se fenômenos naturais ocorreram em dado instante, talvez as pessoas que nasceram naquele momento, naquele local, também receberam algum tipo de influência.

A primeira camada é, portanto, esse retrato do que está acontecendo no mundo no momento do nascimento. O corpo é precondição para que exista personalidade; ele já está dado no momento do nascimento. A personalidade será a resultante do esforço pela existência diante de muitos elementos.

2. Hereditariedade, constituição, temperamento, estrutura pulsional

A segunda camada tem relação com as cargas que começam a operar na pessoa antes mesmo de seu nascimento. Além da herança genética, também há uma carga dada pelo inconsciente familiar.

Estou me referindo à Psicologia do Destino, criada pelo médico, psicopatologista e psicanalista húngaro Léopold Szondi, para quem as coisas que acontecem na vida de alguém seriam pautadas no passado. Embora eu não concorde com sua lógica, vale ser mencionada. Szondi foi um psicanalista, aluno de Freud quando começava a nascer o conceito de inconsciente. Depois, Jung desenvolveu a ideia de inconsciente coletivo, e Szondi passou a se referir ao inconsciente familiar.

Isso quer dizer que as escolhas e as dores dos antepassados de um indivíduo vão influenciar a sua vida para além da genética em si, estarão inscritos como uma força dentro do DNA. Para ele, a pessoa carrega pesos e inclinações, tanto para o bem quanto para o mal, mesmo que preferisse não os carregar. Isso é o inconsciente familiar. Na atualidade, os estudos genéticos evoluíram bastante e já sabemos que os genes podem se expressar ou não, podem ser ativados ou não. Tudo dependerá de uma série de fatores.

3. Cognição, percepção, aprendizado dos códigos sociais

Na terceira camada, estamos nos referindo a um bebê e tudo o que está acontecendo com ele, tudo o que está aprendendo. Lembrando da dimensão física, na Constituição Septenária, esse é o início. O bebê começa a ter estímulos, vai captando e trazendo experiências tanto emotivas quanto transfigurando-as para imagens que vão constituindo seu acervo de pensamentos e achismos do mundo.

Perceba que essa criança está aprendendo por meio da percepção do mundo, por meio de seus cinco sentidos. Ela vai levando isso para um tipo de painel de controle e vivendo experiências emotivas. O que for irrelevante, ela ignora, coloca no inconsciente. No entanto, o relevante, ela usará para o resto da sua vida.

Então, monta redes de aprendizados, em diversas fases. A pessoa está aprendendo o tempo inteiro a interagir com o ambiente, e começa a entender que existe uma reação de causa e efeito.

Como exemplo, temos o choro. O bebê vai aprendendo que, se chora, todos vêm oferecer comida, colo ou uma fralda limpa, o fim do incômodo. Se ele se mexe muito, se chora, se grita, coisas boas acontecem. O bebê já começa a entender o mundo. Então, no começo é uma coisa mais instintiva. Logo depois passa a ser algo mais deliberado. É possível até ver crianças manipulando os adultos, começando a brincar com isso, deixando de ser algo apenas impulsivo.

4. História pulsional e afetiva, busca por afeto e aceitação de grupos

Chegamos, então, à quarta camada, na qual a maioria das pessoas se encontra. É a camada das emoções, quando a busca pelo afeto vai se individualizando.

Ou seja, quando o bebê busca o afeto da mãe, ele mal consegue conceber a divisão entre o que é ele mesmo e o que é a mãe. Em um segundo momento, começa a buscar o afeto deliberadamente, percebendo que agora ela é o centro, a sua referência do mundo. Ele precisa do afeto daquela pessoa. Estamos falando de emoção.

Trata-se de um patamar bem simples, bem básico: a pessoa começa a perceber o prazer e a dor, sempre buscando um e evitando o outro. É autorreferente. A criança está intimamente ligada ao meio externo. Se ela ganha pirulito ou bola, ela fica feliz, passa a perseguir essa sensação, passa a buscar isso, de preferência das outras pessoas.

O comportamento começa a se modelar por esse padrão e pode permanecer assim. Muitos adultos mantêm esse padrão e vivem em busca de prazer, de aplausos, buscam satisfação nas pessoas, a validação de outros o tempo inteiro. Eles querem que todos o amem e o aprovem.

É como se tivesse as suas emoções rasgadas, furadas, sangrando. Sempre que algo acontece, qualquer imprevisto dentro de seu quadro de expectativas e emoções, ele entra em crise, fica frustrado, porque o meio externo não oferece qualquer tipo de resguardo. Algumas pessoas que nasceram em berço de ouro, com abundância de recursos, pais e babás a seu serviço e disposição, fazendo-lhes as vontades, estão sempre muito preenchidas da emoção que esperam, atendidas em seus quereres. Com frequência, desse cenário saem pequenos tiranos.

Parte do que está sendo apontado é justamente a dor de não ter essa demanda atendida, o que vai facilitar o movimento para a camada superior. Por que a pessoa vai para a próxima camada? Bem, chega um momento em que, ao olhar para o mundo, aquilo deixa de fazer sofrer, deixa de ser desejado, deixa de dar prazer, deixa de ter algum sentido e a pessoa busca alguma coisa a mais.

Cada camada que alguém sobe é uma pequena crise. Por exemplo, em algum momento, a criança olhou o bonequinho e deixou de brincar com ele; preferiu a bicicleta. Mais tarde, decidiu que não queria mais brincar e, sim, sair com os amigos. E por aí vai.

5. Ego, autoconsciência e individuação, autoafirmação;

A quinta camada é um momento importante porque é muito difícil sair da quarta camada. A quinta é uma espécie de adolescência, em que o sujeito não quer mais ser autocentrado, mas ir para o mundo, testar seus poderes. Não é mais sobre os movimentos interiores, ainda que essa pessoa continue buscando suas próprias potências dentro de si.

Ela está no mundo, começando a desenhar a sua vida adulta, mas ainda com as limitações do ego, sem um pensamento racional formado. É um processo emotivo muito intenso. Os cavalos ainda são selvagens. Ela não sabe até que ponto tem força, quer testar os limites. Enquanto isso, vai montando o contorno de seu ego.

Destaco, neste ponto, a parábola conhecida como Biga de Platão[5]. Os cavalos são a metáfora das emoções e dos instintos: a libido, a raiva, a inveja, a alegria etc. O educado representa o impulso racional ou moral, a parte positiva da paixão. O outro cavalo representa as paixões

---

5. Platão, em seu diálogo Fedro, usa uma parábola para explicar sua visão da alma humana. Um condutor guia uma biga puxada por dois cavalos alados, um bem-educado e, outro, problemático.

irracionais, o apetite, a natureza concupiscente. As rédeas representam os pensamentos. São seus pensamentos e os julgamentos que a pessoa vai fazer que vão frear ou acelerar, mudar a direção dos cavalos.

Teoricamente, em uma pessoa saudável, o direcionamento é feito pelos pensamentos. O condutor representa o intelecto, a razão. É o *kama manas*, a mente racional, a mente que calcula. Segurando as rédeas, então, enxergamos o *manas*, a mente da sabedoria. Temos o espírito humano, um ser humano que, por meio de bons julgamentos, vai dominando seus cavalos, sem chicoteá-los, sem apertá-los, sem matá-los.

A biga, enfim, representa o corpo humano. Se a pessoa quer ter uma boa movimentação, plena, mas a roda está quebrada como uma doença física, a movimentação vai ser muito prejudicada. O ideal é que tudo esteja em perfeito funcionamento. As rédeas poderiam estar amarradas, poderiam estar soltas, poderiam estar presas demais, como no caso de um neurótico, um ansioso, um angustiado.

Na quinta camada, então, a pessoa quer descobrir suas potências e, para isso, faz muitos testes, especialmente com a família. Muitos erros acontecem porque há modelos sociais que ele precisa obedecer.

6. Aptidão e vocação, realizar algo de valor e realmente importante

A sexta camada é muito simples, pois é a camada do resultado. Nela, o sujeito já se testou e se conhece um pouco mais, conhece um pouco mais do mundo.

Na quinta camada, o indivíduo testou, por exemplo, se conseguiria falar em público. Na camada seguinte, já tem uma noção de quem é, do que é capaz, então ele busca os resultados.

Essa é comumente chamada de camada do dinheiro, mas não é bem assim. É importante pensar que a criação, a construção de algo no mundo exige esforços e a pessoa quer ter bens, quer provocar impacto, quer algum tipo de resultado.

Na sexta camada, a ideia é que o sujeito já tem profissão, já a domina, já sabe o que está fazendo lá e quer seu resultado. É bom que ganhe os bens materiais.

O problema acontece quando o indivíduo acredita que está no topo da torre. Várias pessoas ricas e bem-sucedidas pensam que alcançaram o ápice, que não há mais nada para elas. O sucesso material pode aprisioná-las no racional, com todo o conforto do mundo. E, aqui, abre-se a possibilidade de querer levar vantagem sobre outros para ganhar mais dinheiro. Encontramos a corrupção, especialmente com pessoas que não estão preocupadas com as outras.

No entanto, muitos percebem que querem o resultado, e que obtê-lo não depende só deles: eles precisam da sociedade. Assim nasce um ser que está olhando para fora. Ele precisa da validação de outros, ele precisa se conectar de alguma forma. É claro que ele pode ser um monstro, moralmente falando, mas de alguma forma ele está lidando com outras pessoas e com o mundo. O indivíduo não é mais tão autorreferente.

7. Situações e papéis sociais

Chegamos na sétima camada, na qual esse homem é uma personalidade social, já reconhece seu papel social. Seu sofrimento não é mais testar suas potências, suas emoções, seu bem-estar, seu mal-estar ou sua condição financeira.

Se é um médico, por exemplo, ele reconhece o próprio dever de, mesmo no meio da noite, atender o paciente. É uma camada que se confunde muito com os pais, quando percebem que o bem-estar dos filhos é mais importante o próprio. Eles acordam e se levantam, mesmo esgotados, para atender seus filhos.

Então, o papel social passa a ser mais relevante. Dói mais falhar como profissional, pai ou médico do que não ter dormido bem em determinado dia. Na inserção social, a repetição desse papel é a maior motivação, o maior sofrimento.

Se você pensar, por exemplo, em um casal que esteja na sétima camada, não existe mais crise – cada um conhece o seu papel. Assim seria a sociedade perfeita: cada um executando o seu papel com excelência. Quando as pessoas têm um papel bem delimitado, abrevia-se a comunicação e fica tudo muito mais rápido, com menor gasto de energia, mais fácil.

Quando a pessoa não reconhece em si o seu papel social, muitas vezes precisa de ajuda do consultório terapêutico: é como se um ator estivesse no palco errado, atuando em uma peça da qual desconhece o texto. Há uma crise, o indivíduo fica desorientado, sem a segurança de um papel social, e sofre com o complexo de inferioridade.

Para Adler, psicólogo e médico austríaco que viveu no final do século XIX e no início do século XX, nem sempre o complexo de inferioridade é uma fraqueza ou uma anormalidade. O senso de incompletude é uma grande força propulsora. Para ele, nesta sétima camada da personalidade, o ser humano é impulsionado pela necessidade de superar sua inferioridade e pressionado pelo desejo de ser superior.

Nós, seres humanos, funcionamos dessa forma e é assim que a nossa sociedade anda. Na verdade, podemos enxergar isso em qualquer dinâmica social: o sujeito trabalha, quer as promoções, a superioridade, quer ser um chefe bom, o aluno do primeiro período da faculdade quer chegar no segundo período para ter um pouco mais de poder, e por aí vai. A trama da sétima camada são os complexos de inferioridade e de superioridade.

Imagine agora um sujeito em sua trajetória. Ele não é mais tão jovem, já ganhou dinheiro, já está na sociedade. Ele sabe o que tem que entregar. O papel social dele está sendo cumprido, e sem falhas. Está sempre pensando em prol desse objetivo maior.

Um belo dia, olha para trás, para a própria biografia, e se questiona quanto ao sentido de tudo o que fez até então. Esse homem, provavelmente já perto dos seus quarenta anos, tem uma ruptura de sentido que muito se assemelha à crise da quarta camada. Lá, a pessoa se questiona sobre a necessidade de aprovação e validação do mundo. Aqui, sobre o seu próprio papel.

É uma crise parecida só que, perceba, é uma crise mais estável, mais sólida, mais profunda, é uma crise de sentido. Até a sétima camada é possível perceber que as pessoas têm uma visão do tempo muito linear. Agora, o tempo vai passando e a sensação é de estar fazendo tudo no automático.

8. Síntese individual, autoanálise, códigos morais

Quando chega na oitava camada, a pessoa passou pela ruptura e precisa refletir se, perante a morte, as coisas que vem fazendo tem sentido ou não. Então é natural que ocorram outros tantos questionamentos, um confronto entre esse papel social que vem ocupando e seu próprio caráter.

As respostas precisam considerar que, mesmo que o seu dever não tenha valor diante da morte, ela não pode abandonar esse papel social importante – manter exatamente o que estava fazendo. Pode haver só uma pequena mudança de postura, de orientação, e não necessariamente profissional. Também pode ser algo diferente, como uma mudança de país. Pode se tratar de assumir uma postura mais religiosa, mais transcendental, porque acabou de adentrar no mundo transcendente.

As pessoas vivem uma espécie de drama muito específico diante da ideia da morte. Aqui, não se trata de "vou largar tudo e sair por aí", típico da quarta camada. Quem está na oitava já entendeu sua responsabilidade, não há deserção. O amadurecimento dói e, algumas vezes, o sujeito conviverá com esse sofrimento até a morte.

A oitava camada é circunstancial porque o sujeito deixa de operar na persona, na personalidade, no ego, e passa a operar pela sabedoria. É um momento muito bonito da vida humana, mas é uma crise. Como toda crise, dolorosa. É a busca de sentido do qual fala o psiquiatra austríaco e sobrevivente do holocausto, Viktor Frankl.

Perceba que todos os adultos têm condição de chegar à oitava camada, quando a personalidade está completa. Todavia, a maioria não chega, esbarrando na sétima.

Aqui, apenas os que se aprofundam, determinados a acreditar que existe algo maior, têm coragem a ponto de mergulhar em si mesmos. É só por meio dessa imersão que alguém poderá ter acesso aos andares superiores.

Eu fiz um esquema, um pouco diferente do adotado por Olavo de Carvalho, para representar a ideia de que até a sétima camada, todos estão aptos a alcançar, um bloco só. Depois, a oitava camada, divisiva (Olavo a classifica como integrativa), há uma crise: nasce uma pessoa diante de si mesma. É nessa camada que se concentra o maior número de suicídios.

Acima dessa, outro bloco com mais três camadas representa uma vida intelectual ativa devotada à busca da verdade e da transcendência. A última camada, a décima segunda, é para pouquíssimos, os verdadeiros santos, raríssimos. Pessoas que se iluminaram, talvez alguns iogues que atingiram a transcendência da iluminação. É uma camada extremamente restrita. Eu, Bruno, não conheço ninguém que esteja na décima segunda camada.

9. Personalidade intelectual

Na nona camada, a busca por descrever a verdade é também um esforço para adquirir uma linguagem própria, para traduzir o que a pessoa está vendo no mundo de forma a perpetuar o bem, o amor, a cultura. Encontra-se aqui a valorização do perene, daquilo que atravessa gerações. Alcançaram-na aqueles que vieram dotados de grande inteligência e sensibilidade. É a personalidade intelectual – o que não significa escolaridade, é bom ressaltar.

A pessoa vai investigar, dedicar-se a um determinado assunto, vai buscar autores antigos e sabedoria ancestral para dar substância ao amor à verdade. Nesta camada, já muito mais alta, o indivíduo quer pegar os bens duráveis, traduzi-los de modo que eles durem muito tempo. Quanto mais durável, mais valioso.

Um bom exemplo são as pirâmides da Antiguidade. Até hoje são uma coisa impressionante, como toda a carga de mistérios que as cercam, sua simbologia, seu poder. Mesmo que sejam amplamente replicadas, jamais serão equiparadas em termos de marco histórico e simbolismo.

10. Eu transcendental

Chegamos à décima camada. Agora, o ser tem a vontade e a inteligência já alinhadas. Ele já não está mais se organizando, se identificando; já sabe o que tem que fazer e, mais ainda, tem a vontade de fazer, percorrendo o caminho para o bem.

A décima camada significa o indivíduo que concebe a si mesmo como representante da espécie humana, como um ser dotado de autoconsciência e responsável por todos os seus atos. Estar nesta camada é permanentemente ter a consciência intelectual da universalidade de todos os atos.

Aqui, a pessoa tem uma noção clara de bem em suas diferentes formas: o bem útil, o bem honesto e o bem deleitável, conforme a classificação de São Tomás de Aquino (1225–1274). Para o frade e teólogo italiano, inspirado principalmente por Aristóteles, o bem útil é aquele que se refere ao apoio necessário ou conveniente para atingir um objetivo final, uma finalidade, uma causa.

Nesse sentido, ele não é neutro, mas deve estar sempre voltado para um fim honesto. Podemos dizer que o dinheiro é um bem útil, mas sempre ligado à intenção do uso, no caso, o bem honesto. Para quem tem fome, por exemplo, o bem honesto é o alimento, não o dinheiro para comprá-lo. Bem honesto, portanto, está ligado ao conhecimento, à amizade, ao amor, à família, aos relacionamentos, enfim, bens tanto mais nobres quanto mais compartilhados.

Quanto ao deleitável, refere-se ao prazer diante do bem. A alegria genuína em um abraço, por exemplo. O repouso e o desfrute agradável da plenitude atingida são deleitáveis.

O bem, no fundo, é o prazer, e sua presença na décima camada tem relação com o tipo de bem que traz prazer. Para exemplificar, é possível pensar no prazer que algumas pessoas sentem ao dirigir um carro esportivo novíssimo, que consideram seu bem. Não é desse tipo de bem, tampouco de prazer, que São Tomás fala. Ele se refere ao prazer de acompanhar a vitória de outrem diante de um mal maior, ou da descoberta de uma medicação que vai garantir mais saúde para as crianças. O bem aqui representa a expressão do divino. O bem deleitável é próprio da décima camada.

11. Personagem histórico

Na décima primeira, a pessoa começa a enxergar, já lá de cima da torre, um terreno muito mais vasto sobre as grandes verdades. Como as coisas se reproduzem, como elas acontecem. Então, quando se percebe diante da grandiosidade do mundo, torna-se um pouco criança de novo. Ela pensa: "tem muita coisa, eu estou vendo do alto, uma visão ampla, abrangente, estou colocando em prática as coisas que eu aprendi, coisas que outros homens viveram e ensinaram."

Acontece uma espécie de deleite pelo bem, um certo grau de êxtase ao descobrir um novo mundo. Encontramos o tipo característico da décima primeira camada: a personalidade histórica. Ela percebe que as ações verdadeiras e morais não terminam com a morte, não se esgotam neste mundo, são permanentes.

Esta camada traz a manifestação de um ser na história. Suas ações – grandes ou pequenas – são intencionais, conscientes, e se relacionam à humanidade, ao processo de evolução da espécie humana. Elas não podem ser avaliadas pelo conteúdo social imediato, tampouco pelo proveito prático.

Esse personagem quer realizar tudo, colocando em prática o fato histórico que transcende sua vontade. Ele vai fazer o que tem que ser feito para o mundo. Ainda que sua ação seja concretizada em determinado momento, ela perpassa o tempo – deixa seu rastro.

De certa forma, precisa muito de carisma. Para mudar o curso da História com as suas ações, ele precisa desse presente divino. Então, vai ser capaz de movimentar as massas, fazê-las segui-lo e obedecer às suas orientações.

Seu sofrimento não está na possibilidade de viver sem qualquer tipo de conforto, sem ter condições de atender necessidades básicas ou vivendo cheio de problemas. Seu sofrimento é a preocupação de falhar em sua missão, de não modificar o rumo das sociedades. Eu lembro aqui de pessoas que se doaram, se sacrificaram pela verdade. Na Antiguidade, Sócrates (século V a.C.), Sêneca (século I d.C.). Em tempos mais atuais, Getúlio Vargas (1882-1954). Diante do "fazer História", a morte se ressignifica.

12. Destino

Chegamos à décima segunda camada, um ato de transcendência puro. É o encontro final com o sentido da vida. Essa pessoa já não está mais no senso estético, no mundo sensível, não vive mais nada dele. Ela entra na esfera da inteligência passiva, aceita o sofrimento inevitável por amor a Deus. Nesta camada, o sujeito precisa responder pessoalmente diante d'Aquele que sabe tudo, que criou tudo, que conhece todos os corações, do melhor ao pior. Cada ação na décima segunda camada é pensada diante de Deus, diante do modelo divino.

O grande objetivo da décima segunda camada é a redenção. Para atingi-la, é fundamental ser livre, discernir o bem e o mal, organizar-se de acordo com os quatro valores principais – o bom, o belo, o justo e o verdadeiro. Essa é a liberdade, diferente da geográfica, por exemplo.

Poucos são os representantes desta décima segunda camada. Tais seriam os santos, os iluminados, ascencionados, iniciados – dependendo da religião.

•••

Vimos como a Teoria das Doze Camadas de Olavo de Carvalho descreve em que etapa da vida nos encontramos. Com isso, podemos identificar nossos objetivos, motivações e até as causas de nossos sofrimentos, ajudando a prever os desafios que estão por vir.

Essas camadas conversam entre si, mesmo que já superadas. Elas pulsam entre elas e, às vezes, exigem o retorno da sua atenção por um breve momento. Também existe a possibilidade de regressão e o sujeito pode voltar para uma anterior. A quarta camada, por exemplo, reverbera de certa forma até o final da vida, porque envolve o querer ser amado, típico da pessoa.

As ideias de "pessoa" e de "personalidade" são importantes para compreender as camadas, ainda que haja inúmeras definições possíveis, além de grandes controvérsias no âmbito da filosofia, principalmente.

Uma pessoa é uma entidade que tem certas capacidades, potências ou atributos associados à personalidade, como um contexto moral, cultural, social e institucional. Ela está sempre instalada em um lugar e sempre possui um projeto de vida e uma intenção, como diriam alguns filósofos espanhóis. Uma cadeira, por exemplo, não pode reclamar, nem fugir de alguém que pretenda sentar-se nela. Não pode se opor. Nós, humanos, porém, sempre temos a possibilidade de resistir, enfrentar e questionar as ações do mundo ou dos outros. Nosso universo interior é extremamente complexo e vasto.

Já a personalidade é única, exclusivamente daquele ser, resultando do que acontece em sua vida, da relação entre os mundos externo e interno, de suas dimensões espirituais, psicológicas e afetivas, bem como de suas crenças e ideias. A personalidade muda, daí a importância da Teoria das Doze Camadas.

Eu imaginava que quanto mais o sujeito avança nas camadas, mais ia se tornando virtuoso, voltado para o ideal de bem. Porém, ao pensar em Hitler (1889–1945), por exemplo, percebi que ele pode ser considerado uma personalidade histórica, que mudou o mundo, poderia estar na décima primeira camada, mas suas motivações e ações estão bem distantes de meu conceito de bem, ainda que ele acreditasse que aquilo era o melhor a se fazer.

Outro exemplo interessante pode ser o de um sujeito cuja vida parece muito bem encaminhada, bem resolvido, que conquistou tudo o que queria, amoroso, solidário. De repente, ele é acometido por uma doença que deteriora suas faculdades mentais. Em qual camada estaria agora?

Como se vê, o sistema de camadas não é uma resposta definitiva, mas um apoio complementar. Há muitas questões que o envolvem, especialmente no campo do sentido da vida, na finalidade, na intenção. Por exemplo, uma pessoa que dedique seu tempo livre a cuidar de animais em um abrigo pode estar feliz porque é uma coisa que vem de dentro, uma espécie de chamado – é a natureza dessa concessão. Talvez ela se sacrifique, mas isso traz energia psíquica, substância. Como um ser humano, está mais próxima de seu objetivo final. É muito diferente de alguém que se voluntaria apenas para parecer melhor do que é diante de seu grupo de amigos, para ser valorizado socialmente.

Outro ponto a se destacar é a possibilidade da convivência conflituosa entre camadas diferentes, uma psicológica, outra circunstancial. Alguém que tenha alcançado a sétima camada, busca cumprir o seu papel social, entregar algo à sociedade e de repente se vê desempregado, questionando suas próprias capacidades, passando por um autojulgamento depreciativo, um sentimento de perdedor, experimenta sofrimentos típicos da quinta camada.

Isso não significa que ele tenha retrocedido. A condição para retroceder é geralmente patológica. Se a pessoa desenvolver um transtorno de estresse pós-traumático, uma depressão, uma ansiedade que seja de fato generalizada, paralisante, ela vai precisar passar por algumas camadas de novo, mesmo que provisoriamente.

CAPÍTULO IX

*A maior glória não é ficar de pé,
mas levantar-se cada vez que se cai.*

– OLIVER GOLDSMITH –

Depois desse passeio resumido por todos os estudos que fiz para chegar até a Pirâmide de Ascensão, vamos finalmente detalhar os 4 níveis da trajetória humana. Graficamente, ela poderia ser representada assim com suas forças de ascensão e decadência:

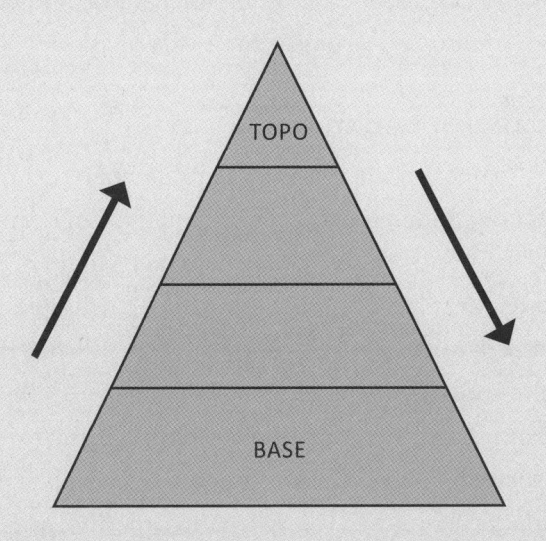

Pirâmide de Ascensão humana é um termo que criei há muitos anos para orientar meus pacientes. Depois de algum tempo observando padrões e estudando outras formas de enxergar a evolução das pessoas, passei a adotar essa lógica, constatando que serve para absolutamente tudo na vida humana.

Por sua natureza, a Pirâmide tem uma estrutura simbólica muito interessante. É um sistema de hierarquia não-centralizado, que tem andares, ou níveis, a ascensionar. Dentre eles, o topo é o mais raro de ser atingido. Dificilmente encontramos exemplos na História de pessoas que tenham chegado a essa altura. Assim como o que apresentei em capítulos anteriores – especialmente a 12ª camada do trabalho de Olavo de Carvalho.

Talvez o leitor seja uma dessas pessoas. Porém, mesmo que não seja o caso, espero que esteja ajudando você a dar o primeiro passo rumo a uma vida melhor.

O primeiro andar

A base é a parte mais fácil, embora não seja necessariamente onde começamos a jornada. Logicamente, tem a sua própria importância. É como o chumbo, o que vai sustentar todas as outras estruturas. Então, precisará aguentar as crises, as doenças mais graves. É o nível onde encontramos as patologias incapacitantes.

Normalmente, começamos a vida pelo segundo andar, onde enxergamos os transtornos da massa e dificuldades do cidadão comum. Teoricamente, mesmo que uma criança nasça sem um braço, ainda estará localizada no nível 2, porque a falta de um braço não necessariamente representaria um prejuízo na formação da personalidade. A mente permaneceria sã, a princípio.

Já no primeiro andar, o bebê nasceria portador de doenças como déficit intelectual severo, malformações cerebrais congênitas etc. Também nesse primeiro nível, podemos encontrar jovens e adultos maus, os extremamente perdidos, os portadores de transtornos mentais incapacitantes, os que estão enfrentando crises profundas etc. – que começaram a vida no segundo andar, mas, por forças de decadência, regrediram para o primeiro. Trataremos disso mais adiante.

Dentro desse escopo, o nível 1 da Pirâmide é especial porque comporta os maiores sofrimentos humanos, que podem inviabilizar o bom funcionamento da psique, do intelecto e, assim, dificultar a caminhada ao longo da vida.

Aqui mora, muito provavelmente, a minha contribuição mais concreta e efetiva à temática da Ascensão. Diferencia-se das demais constituições propostas, especialmente as que vimos nos capítulos anteriores, nas quais não é possível posicionar os doentes.

Por exemplo, se alguém está em grande decadência, como em um sério quadro depressivo, profundamente inerte, e até experimentando pensamentos suicidas, essa pessoa não encontrará lugar naquelas classificações.

Talvez uma analogia possível seja o primeiro andar alquímico, como o chumbo, que mencionei acima. É o andar do *nigredo*[6], dos pesadelos e dos enfrentamentos das próprias sombras. Essa pessoa está vivendo a noite mais sombria da sua alma. Ali é o ponto mais extremo que eu, por exemplo, conheço.

Logicamente, a forma como as pessoas lidam e enxergam suas questões também influencia no degrau em que estará.

Lembro de quando estava no terceiro período da faculdade, passando pela clínica e já interessado na psiquiatria. Eu tive a chance de conhecer um homem clinicamente destruído, diagnosticado com uma cirrose hepática severa. Ele me disse: *"olha, não, eu estou bem, mas eu quero ficar bem, me dá um fígado novo, eu quero viver e está tudo certo."* O paciente estava cheio de fé e até de certa alegria. E essa não foi a única vez que presenciei isso, caso evidente de um doente grave que não está no nível 1 da Pirâmide de Ascensão.

No entanto, quando efetivamente cheguei na psiquiatria, encontrei pacientes com quadros mais graves de depressão e com psicose, completamente hígidos fisicamente. Em um dos casos com que lidei, e que até hoje me faz refletir, os exames eram impecáveis, o físico perfeitamente saudável, fisiologicamente saudável. O

---

6. Nigredo é uma palavra em latim usada pelos alquimistas para designar o primeiro estágio do processo. Seu significado alquímico é: morte espiritual, putrefação, decomposição. A partir do nigredo, temos o albedo, citrinas e rubedo. (Greenberg, Arthur, *A chemical history tour: Picturing chemistry from alchemy to modern molecular science.* New York: John Wiley & Sons, 2010. ISBN 0-471-35408-2).

paciente insistia em pedir para ajudá-lo a morrer. Uma vez, falou: "*dá um jeito de eu morrer, de parar de pensar nisso. Eu não quero mais ver. Tem alguma coisa que eu não posso ver, que não tenho coragem de ver.*" Ele experimentava uma das doenças mentais mais delicadas e preocupantes.

Outro grupo que citei entre os presentes no primeiro nível, foram os seres humanos puramente maus. É assim que descrevo as pessoas que optam pela desarmonia, pela separação, pelo dano, que se dedicam a provocar dores aos outros e inclusive a si mesmos. O motivo, ninguém sabe exatamente. Consigo enxergar um mecanismo humano que representa o injusto, o ato ou comportamento perverso e maldoso, contrário à moral, à religião, à equidade, à justiça. As religiões tratam isso como o mistério da iniquidade – indivíduos que estão diante da possibilidade de fazer o bem e simplesmente fazem o mal.

Aqui, eu poderia incluir Hitler – personagem histórico que aparece em um dos andares mais altos da organização proposta por Olavo de Carvalho –, que considerava a hegemonia racial de seu povo um bem a ser preservado, um objetivo a ser alcançado. Observe-se que a Pirâmide não trata de sucesso profissional ou financeiro. Os estudos e classificações que faço objetivam um nível transcendente de Ascensão humana.

Voltamos às questões e desafios que já se mostravam presentes em outras constituições, considerando que todas elas têm o objetivo comum de elevar o ser humano à sublimidade. Se alguém trabalha com a ideia de "bem" e "mal" de modo antropocêntrico – egoísta, afastado da transcendência, observando apenas a mundanidade e imediatismo – ignora as condições dolorosas e espirituais que são capazes de nos elevar.

Então, a concepção de saúde deve ser a que mencionamos anteriormente – algo para muito além do físico. Estamos falando de um nível que, apesar de estar embaixo, é poderoso quando o analisamos como uma forma de catapulta. Essa deve ser a forma de encarar a base da Pirâmide; trazendo elementos positivos, embora nem sempre.

Há pessoas que jamais poderão subir os degraus. Diante de um portador de déficit intelectual severo, é possível afirmar que a vida desse sujeito está extremamente reduzida em potência – e continuará assim. São pessoas para as quais toda ajuda vai ser necessária, desde a médica, terapêutica e medicamentosa até a presença constante de um acompanhante. Possivelmente precisará do apoio da fé, de companhia, da esposa, do marido, dos pais, dos filhos, dos primos, dos amigos... Ou seja, todo amparo vai ser necessário, sobretudo nas afecções mais graves.

No entanto, cabe uma ressalva enfática. Muitas vezes, o paciente tem um cônjuge, um familiar ou um amigo que leva os problemas de volta para ele. Esse familiar estaria prejudicando todo o esforço terapêutico e pessoal do sujeito, mantendo-o sob condições que já poderiam ter sido superadas, e até que estão em processo de superação, mas regridem. Isso precisa ser investigado sob o ponto de vista de todos os envolvidos. Na maioria das vezes, essa pessoa tem autoridade perante o paciente e tenta agir como um profissional, mantendo a ferida aberta e dificultando o processo de recuperação e Ascensão.

Então, muito cuidado, porque esse tipo de coisa tende a afetar a autoestima de um modo bem negativo e incapacitante, principalmente para aqueles pacientes cujo apreço por si mesmos já está baixo. Quando eles perdem a confiança, tendem a fixar o olhar para dentro, procurando o que há de errado em seu lugar no mundo. "Mas o que tem de errado comigo?"; "O que tem de errado na minha adaptação social?"; "Para que eu sirvo?". Frequentemente esse sujeito desenvolve culpa, e toda a energia necessária para catapultá-lo a outro nível da Pirâmide se perde. Por trás desse quadro, quase sempre existem pessoas que são admiradas, que são influentes e que incomodam esse paciente – sujeitos que são usados como referencial e que galgaram suas próprias etapas.

Em algumas patologias, como a bipolaridade, por exemplo, na fase maníaca – aquela mais acelerada da bipolaridade –, é comum que a autoestima pareça extremamente alta, a ponto de o sujeito achar que é um grande enviado dos céus, tem relações divinas, é especial e vem com uma grande missão: ele é o salvador. No entanto, essa autoestima aparentemente elevada é falsa.

O mesmo acontece com o narcisista, o antissocial e alguns outros quadros psicopatológicos. De certa forma, grande parte desses pacientes usa a patologia como um escudo defensivo para compensar a sua inércia, a sua falta e a forte rejeição que percebe por parte da sociedade.

Na psiquiatria, a psicofobia[7] – preconceito com relação às pessoas que apresentam transtornos e/ou deficiências mentais – existe e é uma atitude criminosa, que culmina com a opressão e exclusão social. Quando está diante de um doente psiquiátrico, a sociedade expele esse ser humano, não quer ficar perto de qualquer pessoa que esteja de fato doente, às vezes por preconceito, outras por medo, mas principalmente por ignorância.

Atualmente, especialmente em vista da grande disseminação desses casos, algumas doenças têm maior aceitação. Isso acontece com a ansiedade e a depressão, por exemplo, ainda que tudo dependa da esfera e da desconfiança em relação ao diagnóstico. São patologias que não apresentam o vermelho chamativo do sangue, não aparecem na radiografia como ossos quebrados. São pacientes que não estão visivelmente disformes, e que apresentam sintomas que muitas vezes são mal interpretados pelo homem comum. Esses pacientes estão simplesmente destruídos por dentro e transmitem sinais que causam estranheza e imprevisibilidade. Pequenos sinais de discurso e atitude são identificados com ajuda médica, mas frequentemente passam pelo julgamento leigo com estigmas e estereótipos. Assim, os demais tendem a não confiar e expelir, afastar do grupo social. Isso causa muita dor.

---

7. Sanismo, saneísmo ou mentalismo são alguns sinônimos. A atitude baseia-se especialmente em estereótipos e afeta pessoas com autismo, distúrbios de aprendizagem, bipolares, esquizofrênicos, gagos e outras deficiências cognitivas. Para mais informações, procurar inicialmente os trabalhos de Morton Birnbaum (1926–2005) e Judi Chamberlin (1944–2010).

Um esquizofrênico, é fato, pode tornar-se agressivo. Lidar com esse paciente acaba se tornando um grande desafio para a família. Muitas vezes, um bipolar fica dias correndo, endividando-se, gastando todo o dinheiro da família, passando por períodos de prodigalidade gigantescos que culminam com o envolvimento do nome, da reputação – de si e de outros –, das relações sociais. Pode ser insuportável, e até levar as pessoas mais próximas a precisarem de acompanhamento.

Com muita frequência, aquele que está no primeiro nível e tenta sair é puxado novamente para baixo. Isso acontece com muita frequência em patologias crônicas – como a depressão, a ansiedade, o TOC, que podem ser recorrentes e cíclicos.

Porém, não raro observamos que uma família amorosa e compreensiva pode olhar a doença de forma diferente, encaminhar o paciente para o tratamento adequado e até mesmo acolher a pessoa. A patologia pode, inclusive, tornar-se o estopim para uma maior união. Se for bem interpretado, o grupo acolhe e não discrimina; auxilia e estimula a busca pela cura – ou, pelo menos, pelo controle.

Para oferecer o apoio necessário àqueles que estão presos no nível 1, é importante a análise profissional de suas funções mentais: consciência, atenção, sensopercepção, orientação, memória, inteligência, afetividade, pensamento, conduta e linguagem. Com a simples observação do paciente é possível também examinar a aparência e seus símbolos, a expressão, a atitude e a atividade psicomotora.

Na entrevista, enxergamos dados visíveis: o discurso – velocidade, altura apropriada do som, repetições, vícios de linguagem –, a mímica, a consciência e a orientação, a percepção, a ideação, a afetividade, a memória, o nível intelectual, a crítica e o juízo, a compreensão, a atenção etc.

O segundo andar

Costumo usar uma frase de minha própria autoria para introduzir o nível 2 da Pirâmide de Ascensão: *"não vá pelas massas. Ao seguir o caminho que construiu com as próprias mãos, chegará aonde deve chegar. Aprenda a abrir caminhos"*. Com isso, quero trazer a reflexão sobre o sofrimento das massas, instando o interlocutor a procurar suas próprias trilhas.

O ocupante do nível 2 é o homem comum, usualmente encontrado, muito emotivo, sugestionável, influenciável, facilmente seduzido. Ele nos faz lembrar daqueles sujeitos presos dentro da caverna do mito de Platão mencionado anteriormente, distraídos com as imagens projetadas na parede. Esse sujeito é refém do conforto e não raro se torna um viciado. É fácil de manipular.

Podemos tomar como exemplo o caso das crianças – início da vida – e de como são sugestionáveis.

Nessa segunda camada, está a maioria dos brasileiros e não é difícil que pessoas de má índole façam uso dessa facilidade de manipulação para alcançar vantagens próprias – muitos políticos e religiosos se apoiam na pauta da carência social para fomentar grandes emoções. O sujeito que está no nível 2, portanto, não é dono de si. Ele não sabe muito bem o que ele é, e sequer pensa nisso. Suas ações muito frequentemente são impulsivas e gerenciadas por imediatismo. No exemplo da criança, por exemplo, a vantagem momentânea é usada para que se consigam determinadas atitudes – "comporte-se e poderá jogar videogame", "tire notas boas e poderá ir ao parque".

Voltando ao adulto comum da segunda camada, ele tem os problemas da massa, a começar pela baixa autoestima. Falei sobre esse elemento intrínseco nas doenças do nível 1. No entanto, aqui não há uma doença ou um problema causado por uma. A autoestima é movida pelo elemento ordinário das massas, a sensação de fracasso frequentemente notada que vai minando a consciência de pequenos sucessos.

De um modo geral, os indivíduos têm problemas de manejo com o tempo, são procrastinadores com muita frequência porque não sabem montar uma hierarquia em relação às demandas vitais. Lidam com as suas energias em modo de sobrevivência. Na maioria das vezes são incultos e consomem apenas o que se oferece a eles – moda, música, dança, ídolos, rotina etc. –, porque não têm critério nem condições para buscar alternativas. Não são buscadores e sequer sabem que existem outras possibilidades a seu alcance. Como os acorrentados na caverna de Platão.

Como se alimentam pela idolatria de outros, costumamos identificar muita inveja nessas pessoas. Elas olham para a própria vida comparando com a de outros, e se veem limitadas às próprias rotinas e questões cotidianas.

O ponto da segunda camada da Pirâmide é que ela efetivamente representa o início, uma obra em branco, normalmente a partir da infância e frequentemente mantendo-se na vida do adulto acomodado.

Novas narrativas sempre começam com uma folha em branco. Ao lado, pode até jazer uma outra amassada, rasgada, rabiscada. Um rascunho, por assim dizer. Mas quando nos percebemos de volta a essa camada – ou estagnados nela – devemos vislumbrar um novo caminho, um direcionamento para a Ascensão, uma possibilidade de atingir um outro nível.

Muitas vezes, esse novo direcionamento é imperceptível. Os prisioneiros da caverna geralmente não têm consciência do que acontece, negligenciam a sua situação. Assim, desenvolvem hábitos perpetuados por desassociação consciente da situação do seu sofrimento. Então, alguém pode falar: "tenho um mal-estar que não sei de onde vem nem como resolver" ou "tem alguma coisa errada na minha vida, eu estou sofrendo."

Se você, leitor que escuta essas frases, já tiver alcançado o nível três, vai dizer para essa pessoa o que precisa ser feito. Vai ajudar com o diagnóstico – e não se trata de uma análise médico-patológica, mas sobre o que vem acontecendo na vida desse sujeito. Talvez, ele não precise de um diagnóstico médico, mas apenas de um novo prisma sobre sua própria realidade. O inconsciente desse homem deseja, e até mais do que isso, precisa resolver o que incomoda, e isso o leva a entrar numa fase mais racional, mantendo sua esfera emocional.

Esse movimento lembra a história dos Três Porquinhos. O terceiro porquinho é o da casa de palha, que sequer acredita no lobo. Ele não está se incomodando com nada. Existe uma ingenuidade gigantesca, que leva à indolência, à preguiça, ao hedonismo. É o segundo nível da Pirâmide.

Quando passamos para a casa de madeira, já estruturada, que fica de pé, é sólida, mas ainda não resiste ao sopro do lobo, estamos falando do terceiro andar. Já a casa de tijolos corresponde ao quarto nível da Pirâmide, intransponível pela ameaça externa.

Não devemos diferenciar os andares e as camadas o tempo inteiro, por certo. Porém não há necessidade de resolver um desafio para enfrentar outro. A pessoa pode estar em transição, e até um pouco frágil entre um degrau e outro, vivendo as duas simultaneamente, e precisamos fazer o que pudermos para ajudar.

Uma forma de apoiar essas mudanças de nível é por meio da valorização dos ritos de passagem, como os certificados. Eles funcionam como os diplomas de conclusão de fases que todos têm que enfrentar. "Você não é mais uma criança, mas um homem responsável pela sua família"; "Menina, você agora menstrua. Já é adolescente"; "Você fez aniversário de 18 anos, já pode dirigir"; "Você se formou na faculdade, já pode exercer determinada profissão"; e assim por diante. São marcos importantes no reconhecimento das vitórias, diferenciações dos momentos e certificação dos esforços aplicados.

Em nossa sociedade, no entanto, como já comentamos em capítulos anteriores, os ritos de passagem perderam sua força simbólica e nosso sofrimento ficou carente desse tipo de estímulo e apoio à evolução.

O segundo nível, em especial, provoca muitas dúvidas que deixam o sujeito desnorteado. É preciso trazer o elemento de busca pela transcendência desde o início, mesmo que ele não vá perceber que isso serve como norteamento moral.

A formação de seu ego ainda está muito frágil. Ele precisa dar consistência. Tem que olhar para o lado e falar: eu sou alto ou eu sou baixo comparado aos demais, tenho as potências tais e quais. As pessoas que o cercam podem dar algumas garantias de sobrevivência: "olha, você está seguro, meu filho, tem algum dinheiro, e está tudo bem." Estímulos positivos, que condicionam os pensamentos de confiança em si mesmo.

A sociedade pode ser uma rede de respaldo, oferecendo senso de pertencimento, especialmente mediante a apresentação e inclusão em certos grupos afins. Isso traz conforto.

Esse processo favorece o caminhar para uma interpretação de si, uma autoanálise, embora nós saibamos que dificilmente chegará a conclusões profundas ou reais nesse estágio. Mas o sujeito precisa disso. Esse ego é a quadratura inferior que vai fazer uma escada para a identidade.

Com as observações e comparações, também é possível enxergar o sofrimento do outro e utilizar a razão do ponto de vista da mente racional. A mente que calcula e afasta um pouquinho as emoções. "*A mente é um fogo a ser aceso, e não um vaso a preencher*" (frase atribuída a Plutarco, filósofo grego que viveu entre 46 e 120 d.C.).

É o início de um processo de encarar a necessidade e tomar decisões. Para isso, é importante quebrar determinadas crenças. Como dissemos no início: destruir e reconstruir.

"Eu não sou capaz"; "Eu sou um inútil"; "Eu sou fraco"; "Eu não consigo me relacionar com o mundo"; "Eu não prospero"; "Eu tenho problemas."; essas são apenas algumas das afirmações negativas que impedem a Ascensão – e, muitas vezes, levam à decadência. A pessoa do nível 2 vive em um profundo estado de sofrimento causado pela indecisão.

Um dos principais mecanismos desse movimento, a autocomiseração, faz os sujeitos se protegerem e experimentarem a pena de si mesmos. A consequência é um agir no mundo sob a premissa de que não devem esperar nada de si e de ninguém, ao mesmo tempo em que confiam que a sociedade tem obrigação de resolver todos os problemas sociais e particulares. A desistência de esforçar-se e participar é uma prática comum, da qual costumam emergir outros conflitos, especialmente familiares, mais próximos e intensos porque são os que permanecem. O indivíduo que resiste e cede à sua própria insegurança costuma ser beligerante, irritadiço, emotivo e impulsivo.

Se formos pensar aqui nos pecados capitais, os mais proeminentes do segundo nível estão ligados às emoções: a ira, a luxúria, a preguiça, a gula. É muito comum a prática abusiva e desmedida. A luxúria e a gula são bons exemplos. A pessoa não tem domínio nenhum do corpo físico.

O normal, nesse nível, é encontrar grandes hedonistas. Verificamos isso bastante na sociedade de hoje, essa busca pela felicidade a todo custo. Trata-se de um tipo de felicidade muito material, uma alegria superficial e passageira, um divertimento que não leva a lugar nenhum. É como o exemplo da criança que, caso se comporte, por ir brincar no parque.

Grande parte do que acontece no segundo nível está ligado a traumas e erros do passado, inclusive da infância, muitas vezes carregados de culpa e sentimentos de rejeição. É um mecanismo do inconsciente humano, que leva à punição para a purificação, a autopenitência infrutífera. Os sujeitos se punem por algo que receberam – e pensam que não mereciam –, porque sentiram um prazer inadequado – comeram demais, por exemplo –, quando cometeram um grande erro – cederam à ira e brigaram com a família –, quando sofreram injustiças, enfim. Essa purificação vai até o último andar da Pirâmide.

O início da transição do segundo para o terceiro nível acontece com a reflexão sobre seus modelos ideais e suas referências negativas. Quem habita o seu quadro de ídolos e qual a sua relação com o que percebe deles? Isso vai dizer muito sobre quem você é. Um bom exemplo: se o pai era um grande homem, honesto, virtuoso, engraçado, provavelmente o filho vai encontrar em si um componente de personalidade honesta, virtuosa, engraçada.

Qual é a sua associação com os seus pais? Você ainda depende muito deles? Você ainda os admira como deuses e heróis?

Para subir esse degrau, é preciso começar a olhar para a sua biografia de forma crítica, buscando comportamentos repetitivos nocivos, e fazer uma revisão dos seus atos passados sem subjugar-se à autopenitência ou à acomodação preguiçosa – "sou assim e não tem jeito".

É mister que isso aconteça para a invalidação dos estados de ilusão. Vai ser possível perceber que as diretrizes sobre as quais alguém se pautava são um cenário falso. São narrativas que não levam a lugar algum.

É como nas construções do arco narrativo dos grandes livros de romance. Para sair do estado inerte, o protagonista precisa descobrir, questionar e mudar perante alguma mentira de sua vida – como Jane Eyre, personagem da obra homônima da escritora inglesa Charlotte Brontë (1816–1855) que acreditava que a sua aceitação, ou "ser amada", dependia de total subserviência. Somente quando mudou essa visão pôde crescer e verdadeiramente amar.

Ao identificar a mentira em que se estava vivendo, um cenário criativo emerge e leva a estados de superioridade. É possível, então, encontrar as potências reais e as falsas potências, inclusive as que impõem limitações.

O terceiro andar

Ao ascensionar para este nível, a pessoa já tem produtividade no mundo, já age de modo ordenado. Conhece seu papel e começa a iniciar a ruptura com o seu próprio ego. Ela agora tem uma visão minimamente holística e transcendental, já está saindo da caverna. Não está iluminada totalmente, mas começou a ver a luz. Mais tarde, ascendendo no mesmo nível, ela pode completar o ciclo e até retornar à caverna para tentar libertar aqueles que ainda permanecem no segundo e no primeiro nível.

Neste nível, muitas vezes, acontece um excesso de trabalho e, mesmo conhecendo suas próprias potências e limites, o sujeito se vê diante de missões que são maiores do que ele.

Aqui, também, encontramos outro pecado capital, a avareza. Alguns ganham muito dinheiro, não sabem gastar, viram grandes materialistas e, ricos, pensam que aquele é o melhor dos mundos, mantendo-se presos ali.

Além da avareza, podemos encontrar no terceiro nível a inveja – que também observamos, em menor grau, no segundo nível. Estamos falando sobre bens, sobre retenção, sobre não perder; estamos falando de olhar para o outro com admiração, mas às vezes a intenção é a competição, é a destruição.

Alguns têm a chance de conhecer a humildade: não subestimam a si mesmos, nem se superestimam. Descobrem que o êxito pessoal traz consigo a responsabilidade.

Lembro aqui de uma narrativa milenar que tem muitas versões, todas em torno da humildade e da responsabilidade. Trata-se da história de vida de Buda, Sidarta Gautama.

A família de Sidarta era privilegiada. Seu pai era rico e poderoso, e, a mãe, muito refinada. Quando o menino nasceu, foi chamada uma vidente para prever seu futuro. Ela disse que a criança estava predestinada a comandar um império, político e espiritual, ser um grande príncipe.

Seus pais exultaram e resolveram que ele seria protegido de tudo que houvesse de mais feio no mundo. Sua mãe morreu pouco tempo depois, e Sidarta levou sua juventude entre deleite e prazeres. Aos 16 anos, foi-lhe atribuída uma esposa e, desse casamento, nasceu um filho. Foi por essa época que o rapaz viveu um episódio que mais lhe marcou, conhecido como as Quatro Visões.

Buscando explorar seu ambiente e aprimorar seu intelecto, ele saiu da área protegida do castelo, em uma carruagem, e se deparou com um mundo muito diferente do seu. Viu o mercado e sua efervescência, com suas tigelas coloridas com frutas, temperos, essências e muito movimento. Seguiu em frente até que um novo cenário se desenrolou.

A beleza colorida do mercado deu lugar à fome, e Sidarta viu um homem muito magro, cheio de erupções na pele. Ele ficou horrorizado. Logo depois, avistou um velho caminhando com muita dificuldade. Mais adiante, às margens do Ganges, pessoas colocavam um morto sobre algumas tábuas e se preparavam para queimá-lo, entregando suas cinzas ao rio. Eram cenas inimagináveis para ele, sempre cercado de jovens fortes e saudáveis.

Aqueles quatro sofrimentos foram seus grandes mestres: fome, doença, velhice e morte.

Essas experiências operaram uma mudança radical em sua forma de entender o mundo e a si mesmo. Voltando ao castelo, sem falar com ninguém, abandonou a família e os luxos, cortou seus cabelos, vestiu-se com simplicidade e decidiu andar a esmo, em busca do porquê de coisas assim existirem. Sidarta buscou sua elevação espiritual. Foram muitos os seus mestres e seus discípulos ao longo da jornada. Ele assumiu uma vida ascética, submeteu-se a muitas provações, recusou alimentos, enfrentou muitas doenças e seguiu com a missão, desenvolvendo muitas das potências de sua mente.

Para nossos propósitos neste livro, esse exemplo da vida de Buda mostra como nem todo sofrimento é simplesmente patológico. Ele pode ser didático e propulsor, uma espécie de catapulta. É possível dizer que Sidarta vivia no nível 2, mas a experiência de enxergar os quatro sofrimentos e se submeter a chegar ao fundo do poço o catapultaram para o quarto andar – o da elevação, atingido por poucos na História.

O quarto andar

Alguns intelectuais, artistas e filósofos morreram na miséria quando perceberam que seu prazer já não era mais tão necessário – especialmente os prazeres físico e material. Eles tinham total domínio do corpo e um forte ordenamento religioso. Reconhecer a essência do próprio "ser" era algo natural para eles.

Há um elemento de solidão no quarto nível, que geralmente começa no terceiro. É alguém que, mesmo jovem, está envelhecendo, é maduro. Essa pessoa saiu da caverna e observou a realidade longe das sombras. Ela sabe que precisa voltar à caverna, e é altruísta o suficiente para fazê-lo. Ela faz algo por alguém sem esperar nada em troca, e está ampliando sua missão por meio da compaixão – intimamente ligada aos sofrimentos humanos. Ao retornar à caverna, os antigos amigos, bem como os escravos da caverna, tentam matá-la, tentam ferir sua reputação, colocar suas palavras em descrédito.

É possível associar o nível quatro às camadas superiores da constituição da personalidade, como Olavo de Carvalho as descreveu: da nona até a décima segunda camada. Eu pensei em relacionar o quarto andar apenas à décima segunda camada, mas da nona até a décima primeira estamos nos referindo a um eu intelectual atuante, um eu histórico perfeito. As quatro últimas camadas, então, precisam entrar.

O risco do pecado desse quarto nível é a soberba. Em algum momento, a pessoa se pensa um pouco melhor que os outros. Se alguém se acredita melhor do que os outros, principalmente do ponto de vista espiritual, já está vivendo a soberba.

Esse comentário é justamente para ajudar a compreender que mesmo no quarto andar, é possível que você tenha lesões do espírito, e inclusive entre em decadência. A subida não é definitiva – há sempre a chance de ir e vir dos diferentes patamares.

Há um exemplo conhecido de um padre, do qual não me recordo o nome, que vivia simultaneamente no quarto e no primeiro andar. Ele tinha momentos de psicose, desorganizações psíquicas brutais, e tinha momentos de iluminação absurda. Ele tinha um canal extremamente aberto para os dois.

De um modo geral, no topo das constituições e da Pirâmide de Ascensão, colocamos os santos, os modelos de virtudes, aqueles que viveram para o bem do mundo, e os que dedicaram suas existências ao amor ao próximo.

Atualmente, no entanto, tem sido comum transformar em ídolos sujeitos bem pouco virtuosos, fabricados pela mídia, influenciadores e outros muito distantes da ideia original do homem virtuoso, espiritualizado, desligado dos prazeres mundanos e materiais.

Os verdadeiros inspiradores da humanidade, porém, vão servir sempre como um farol claro, orientador, independente do momento histórico em que a sociedade se encontre. Eles têm uma visão de tudo e de um todo. São humanos que atingiram o lado divino.

Buda certa vez disse que *"a vitória sobre si mesmo é a maior de todas as vitórias."* Para chegar neste quarto degrau é indispensável dar um grande salto na evolução pessoal. Este andar está muito acima do anterior.

O sujeito é uma fênix, e já renasceu de seus aprendizados e reconstruções. Teve a oportunidade de observar a sociedade, e com ela interagir positivamente. Já entendeu o seu ego, não é mais fragmentado. Fez uma síntese interna, é uno e amplamente conectado consigo mesmo e com o mundo que o cerca. O foco desse sujeito é o amor, ao que podemos chamar de divino.

CAPÍTULO X

Assim como o carro segue o boi que o puxa, o sofrimento segue a mente que se cerca de maus pensamentos e paixões mundanas.

– BUDA –

Dentro de todas as visões, absolutamente todas, sejam elas da religião, da antropologia, da filosofia, da psicologia e até mesmo da própria psiquiatria, nós podemos enxergar ascensão e queda. A vida é uma experiência pedagógica. Vamos, então, dedicar este capítulo às forças de ascensão e de decadência, falar sobre o bem e o mal.

O que promove saúde e longevidade – mas acima de tudo, nos faz buscar a perfeição –, chamaremos de bem. O que nos corrompe, nos impede de agir, nos impede de chegar à perfeição, chamaremos de mal.

A maioria de nós nunca parou para pensar seriamente no mal e nos seus fundamentos, apesar de todos deterem muita sabedoria e experiências sobre esse tema. Está no noticiário e na mídia por meio de fatos cotidianos, às vezes até na família e em nós mesmos, mas aqui vou além dos pecados capitais, da violência e dos vícios.

Em um de meus cursos sobre os vícios, as compulsões e as dependências, fiquei realmente perplexo com a quantidade de pessoas que precisavam de ajuda. Foi algo muito impactante para mim, porque me fez perceber a necessidade de uma interveniência mais efetiva.

Para começar, é necessário lembrar que as doenças estão em todos os níveis de todas as constituições, desde as que apresentei aqui – septenária, grega, as Doze Camadas de Olavo de Carvalho, e a nossa Pirâmide de Ascensão – até muitas outras. Poderíamos nos alongar em tomos de explicação sobre o tema.

Grosso modo, isso nos ajuda a entender que o sofrimento funciona em cascata, de forma vertical. Para abordar esses temas, vamos trazer um pouco de teologia por meio das Escrituras Sagradas, por exemplo, além de mitos e de autores e fontes que temos usado como fundamentos neste livro, para podermos refletir sobre a origem e o fim dos sofrimentos.

Os sofrimentos e conflitos que vivemos podem nos apontar caminhos e – apesar do nome "forças de decadência" –, podem funcionar como uma espécie de mola propulsora, uma potência ascendente. Isso exige que o sujeito enxergue sua queda dessa forma, como aprendizagem ou um desafio para voltar a subir.

Começando pela perspectiva mitológica, em especial as poesias de Homero[8] e de Hesíodo[9], como as de tantos

---

8. Homero, poeta oral grego que se acredita que tenha morrido jovem, por volta de 898 a.C.
9. Hesíodo, poeta oral grego que viveu possivelmente entre 750 e 650 a.C.

outros que preservamos ou que se perderam no tempo, trazem-nos muito dos ensinamentos da trajetória de vida de deuses e mortais. Homero, bastante conhecido por nossos contemporâneos, eternizou seu nome por meio das obras *Ilíada* e *Odisseia*, cujo foco eram lutas e anseios em um contexto aristocrático. Trouxe todos os desafios a que foi submetido Ulisses para alcançar o seu objetivo.

Por seu lado, Hesíodo dedicou-se ao homem comum, obediente à vontade divina e devotado à vida no campo. Sua obra mais conhecida entre nós é *Teogonia*, na qual narra o nascimento dos deuses e a criação do mundo de acordo com os preceitos dominantes à época e com as referências de outras culturas antigas. Trata-se de um trabalho muito respeitado e citado pelos especialistas em religião grega pela forma com que organiza e descreve a origem e a genealogia dos deuses. Outra obra sua que atravessou milênios foi *Os Trabalhos e os Dias*, que apresenta, de forma didática, normas de conduta e bem viver para o homem comum.

Ambos – Homero e Hesíodo – criaram narrativas e poesias para uma sociedade na qual os deuses ocupavam um lugar central no cotidiano dos homens; uma sociedade extremamente religiosa e temente a seus desígnios, e formada predominantemente por sujeitos honrados.

Os deuses gregos não eram humanos, mas potências que não estavam sujeitas às deficiências e fraquezas das criaturas mortais: fadiga, sofrimento, doença, morte. No entanto, entre eles, as disputas pelo poder são uma marca.

Tendo parido o Céu, a Terra (Gaia) resgatou o feminino, conferindo um caráter masculino ao Céu e perturbando a perfeição cósmica. A mãe Terra casou-se com o filho Céu e deu à luz inúmeros filhos, os quais devia manter escondidos dentro de si. A partir desse conflito entre o Céu e a Terra, o masculino passou a dominar as lutas divinas pelo poder. Ao feminino, ficou reservado o papel ardiloso dos bastidores desses embates.

Na mitologia há inúmeros exemplos dessa decisiva atuação feminina nas guerras e nas disputas, com seus ardis inteligentes e suas forças de sedução. Um bom exemplo, ainda no contexto de Hesíodo, é a foice que a Terra forjou em aço e que entregou a seu filho Cronos para que ceifasse o órgão genital do pai. Assim, ele extinguiu a virilidade do Céu e assumiu o seu poder.

Cronos, casado com sua irmã Réia, foi alertado de que também era seu destino ser subjugado por um de seus filhos. Assim, cada vez que um nascimento acontecia, imediatamente Cronos engolia o bebê. Quem o alertou foram os seus pais – Terra e Céu –, que sabiam que era natural que a ambição levasse os filhos a se revoltarem contra o poder absoluto do pai.

Réia, então, implorou para que o Céu e a Terra a ajudassem, garantindo a sobrevivência de seu último filho, Zeus. A Cronos, foi entregue uma pedra no lugar do bebê. Zeus cresceu escondido e conseguiu dar a Cronos uma poção que o fez regurgitar seus irmãos. Após uma violenta batalha, Zeus venceu Cronos e tomou-lhe o poder.

Como é possível perceber, a poesia de Hesíodo aborda questões humanas atemporais: o controle do instintivo pelo racional, o domínio do masculino sobre o feminino, a inveja, a disputa pelo poder, a revolta contra forças autoritárias, traições, vinganças, alianças políticas e muito mais.

Em Hesíodo também aparece a figura ardilosa de Prometeu, amigo de Zeus que o ajudou a driblar a fúria de seu pai Cronos. No entanto, Prometeu preferia a companhia dos mortais, o que deixava Zeus enciumado e colérico a ponto de tirar o domínio do fogo da raça humana. No entanto, Prometeu e Epimeteu, seu irmão, pregaram uma peça nos deuses do Olimpo e roubaram o fogo. Quando Zeus descobriu, impôs a Prometeu um castigo terrível: ele foi acorrentado e teve o seu fígado diariamente destruído por uma águia, até que Hércules o libertou.

Zeus, ainda não satisfeito, convocou Hefesto para que fabricasse uma mulher, Pandora, para vingar-se de Prometeu e de todos os mortais. Hefesto teve ajuda de deuses como Afrodite, que brindou Pandora com graça e poder de sedução; Atena, que lhe destinou habilidades artesanais; Hermes, que lhe ofereceu uma mentalidade desonesta e a capacidade de enganar.

Zeus ofereceu Pandora a Epimeteu, que, desobedecendo às orientações de seu irmão para não aceitar nada de Zeus, imediatamente acolheu o presente. A Pandora, Zeus ofereceu uma caixa, com a recomendação de que não fosse aberta de jeito nenhum. No entanto, ela não resistiu à curiosidade e abriu a caixa, libertando todos os males e desgraças no mundo. Arrependida, tentou fechar a caixa, mantendo presa a esperança.

Essa narrativa é interessantíssima. Apesar das diferentes versões existentes para os mitos, inclusive o da caixa de Pandora, todas trazem, como pano de fundo, a mensagem de manter a esperança em tudo o que tivermos que fazer.

Para efeitos do nosso estudo, a esperança é o que sustenta a resistência a todas as forças de decadência. Ela é quem impede o desespero perante o sofrimento, e ela que nos faz agir. Sustentando a resistência, permite a ascendência.

Da perspectiva cristã, começamos destrinchando o equívoco de interpretação da máxima "Deus castiga".

O Criador nos dotou de consciência e inteligência para entendermos os resultados de nossas vontades e nossos atos. Ao criar os homens, Ele os dotou de livre arbítrio, apresentando-lhe o bem e o mal, o certo e o errado, a vida e a morte. São guias universais, amplamente influenciadas pelas diferenças culturais.

Nossas ações geram consequências para nós e para outros, as quais muitas vezes não levamos em consideração. Assim, Deus não castiga quem erra, mas permite que colhamos os frutos – bons ou ruins – de nossas decisões e ações. Essas consequências devem ser aproveitadas para a nossa Ascensão. Aprendendo as – e com as – lições da vida, se assim desejarmos, estaremos aptos a crescer.

Qual seria, então, a consequência do pecado original? Teria havido uma desordem, um descompasso entre inteligência e vontade? Ora, sabemos que Adão e Eva tinham neles a inteligência perfeita e a vontade perfeita. Era uma conexão ideal com Deus. Isso quer dizer que eram capazes de decidir com total discernimento, aplicar a vontade de forma perfeita. Percebemos que o pecado original é extremamente mais grave do que os cometidos pelos homens, porque, mesmo dotados de plena inteligência, Adão e Eva erraram. Eles deliberaram pelo mal. Não foram leais a Deus, que os proibiu de comer o fruto daquela árvore. Colocaram a vontade/o desejo à frente da inteligência, como muitas vezes, nós, os mortais, fazemos.

Deus não poderia decretar de uma forma automática que algo que era mau passasse a ser bom ou algo que era bom passasse a ser mau, porque se fizesse isso, Ele estaria negando a si mesmo. Ele sabe de tudo o tempo inteiro, então, as coisas são irrevogáveis. Adão e Eva tiveram culpa porque colocaram a vontade deles acima da inteligência, transgrediram o desígnio divino.

Assim, nós percebemos o quanto é extremamente necessário nos esforçarmos para reverter a ordem dessas duas coisas, ou seja, educar a nossa vontade para que vivamos sob o primado da verdade, da inteligência, da sabedoria e da consciência.

Educar a vontade é bastante difícil e penoso. Imagine olhar para algo que você aprecia muito, deseja muito – chocolate, pornografia, álcool, drogas etc. – e hesitar, resistir, racionalizando as consequências daquilo. Dotado de plena inteligência, você sabe que aquilo é altamente danoso para a sua alma, para seu corpo e até para outras pessoas. Ainda assim, precisará decidir com firmeza, negar os excessos e as influências negativas com determinação porque sabe que será melhor assim.

Isso acontece também nas esferas emocionais: a ira, a violência, a agressividade, o ódio etc. Aos poucos, é possível refletir sobre essas emoções, sentimentos e comportamentos, orientar-se e dominá-los por meio da cognição.

Santo Agostinho, um dos mais importantes teólogos e filósofos dos primeiros séculos do cristianismo – teria vivido entre 354 e 430, d.C. – confirmou isso quando afirmou que o intelecto é sempre mais poderoso do que as paixões. Essa vontade racional é mais significativa do que os desejos. A inteligência tem que ser maior do que as concupiscências do cotidiano. Isso é a liberdade: com uma decisão soberana, a pessoa se torna senhora de seus atos, sejam eles bons ou maus. Logicamente devemos considerar que também existe vontade para o mal, já que o bem e o mal são forças coeternas, opostas e em permanente disputa.

Para Santo Agostinho, essa vontade do mal vence quando o sujeito não for dotado de muita inteligência, ou fizer mau uso de seu livre-arbítrio. Para sair desse aprisionamento é necessário realizar as boas ações, o que, teoricamente, vai trazer sofrimento, contrariar seus impulsos.

Apesar disso, essa é a prática para se tornar uma pessoa mais feliz. Ele terminou essa reflexão dizendo que as consequências da boa vontade levam sempre a caminhar na direção da sabedoria.

Por meio dos atos e do desejo de viver com retidão e honestidade, a pessoa atinge determinado patamar de sabedoria e pode gozar do grande e do verdadeiro bem. Essa boa vontade de agir com bondade traz poderosíssimas recompensas – como a sabedoria que tem como substância fundante a verdade, o Sumo Bem.

Quando olhamos para a já mencionada constituição grega, ou mesmo para as demais, vemos que seria possível dividir os males, de forma muito primitiva, em três esferas. Lembrando que soma, psique e *nous* devem ser lidas como corpo, mente e alma. Assim, teríamos as doenças somáticas, as doenças psíquicas e as doenças da alma, do espírito, anímicas.

Constantin Noica (1909–1987), filósofo romeno, escreveu um livro excelente chamado *As Seis Doenças do Espírito Contemporâneo*. Essa obra não é muito fácil de encontrar, então vou trazer um trecho do primeiro capítulo, de acordo com a tradução publicada em 1999 pela editora Record (p. 49), no qual ele resume esses males:

> A primeira nasce da precariedade da ordem geral numa realidade individual provida de suas determinações. É, no homem, a catalite.
>
> A segunda deve-se à precariedade de uma realidade individual que deveria assumir as determinações de uma ordem geral. É a todetite.
>
> A terceira situação ontológica é provocada pela carência de determinações apropriadas de uma realidade geral que tem já sua forma individual. É a horetite.
>
> A quarta apresenta-se como o oposto simétrico da precedente: aqui é o individual que, após ter alcançado um sentido geral, é incapaz (ou o recusa, no caso do homem) de se dar determinações específicas. É a ahorecia.

A quinta delas provém da precariedade – e, no homem, da incompreensão – de toda realidade individual em harmonia com um geral que já se teria especificado graças a determinações várias. É a atodecia.

Por fim, a sexta precariedade do ser projeta (de modo deliberado, no homem) numa realidade individual determinações que não se apoiam em nenhum sentido geral. É a acatolia.

Quando falamos sobre doenças do espírito, não tratamos da identidade como descrita no triângulo superior da Constituição Septenária. Teoricamente, nesse triângulo haveria sofrimento, mas não erros. Abordamos aquele espaço entre a quadratura inferior e a parte superior, quando o ser humano tenta sair do racional e não consegue.

Constantin fala que a natureza do homem é tensional: entre o espírito e a matéria; entre a razão e as pulsões; entre as virtudes e os vícios; entre o individual e o coletivo.

Eu me apresento de forma individual, como um ser que se apresenta na sociedade. No entanto, todos temos o ser coletivo porque vivemos em sociedade. Entre os dois, há uma tensão. Sempre soubemos disso: somos ao mesmo tempo independentes e dependentes, porque somos seres sociais.

Metaforicamente, podemos dizer que a Ascensão é simbolizada pela parábola bíblica de Noé, com sua grande embarcação. Com fé, confiou, obedeceu, fez o que devia fazer, salvou muitos e a si mesmo, e não foi pego pelo Dilúvio.

Já a queda, a decadência, é simbolizada pela história de Adão, que vivia no paraíso perfeito, mas cometeu severos enganos e foi condenado. Um grande castigo.

Em diferentes religiões e culturas, não apenas na Bíblia, a presença dos castigos, do sacrifício e das penitências é comum como forma de agradar aos deuses, ser perdoado, expiar os pecados, os erros, os atos maus, as desobediências das regras morais e até como prevenção, protegendo-se contra o mal. O maior sacrifício, para os cristãos, foi o de Jesus. Deus, em toda a Sua sabedoria, percebeu que aquele era o momento certo, e mandou o próprio Filho, Deus encarnado, para que fosse sacrificado e libertasse os – ou expiasse os pecados dos – homens.

A humanidade sempre cumpriu sacrifícios, penitências e até autoflagelamentos, práticas comuns entre todos os povos e religiões, de modo geral para expiar suas culpas. Na Igreja Católica, por exemplo, a confissão e a penitência são rituais sagrados respeitados e as histórias de vida dos santos estão recheadas de martírios. O sacrifício de animais continua sendo uma prática comum a algumas crenças, ressaltando-se que a Umbanda vem abandonando esse cerimonial. No judaísmo, o dia mais sagrado é o da expiação, precedido por dez dias que congregam inúmeros atos para simbolizar o arrependimento e a fé em tempos melhores.

Santo Agostinho, afirmou que *"Deus, Todo-Poderoso, por ser soberanamente bom, nunca deixaria qualquer mal existir nas Suas obras se não fosse bastante poderoso e bom para fazer resultar o bem do próprio mal."* Ou seja, o mal não tem substância. Para ele, *"se o bem vem de Deus, o mal se origina da ausência do bem e só pode ser atribuído ao homem, por conduzir erroneamente as próprias vontades."*

Dizendo de outra forma, o mal seria a ausência do bem, produto de um vácuo, uma falta. Todo vazio é assim, e precisa ser ocupado por alguma coisa. No planeta não há nada vazio, na natureza não há vácuo. Então, quando olhamos para a ausência do bem, vemos um espaço que será ocupado pelo mal.

Isso pode ser observado igualmente na mente humana: se ficou vazia, vem algo ruim e a ocupa. Afirmo que o mal é um bem que você não alimentou. Metaforicamente, é como um estômago faminto. Podemos alimentar com qualidade e nossa saúde responderá positivamente. Se o alimentarmos com má qualidade, o mal se estabelecerá e nosso corpo responderá negativamente – doenças, obesidade, cansaço, sono.

Esse vazio também pode ser interpretado quando pensamos na nossa existência.

Frequentemente, gulosos e obesos experimentam uma espécie de vazio existencial compensado pela comida. Também é possível associar ao medo da escassez material, ao medo de passar fome, e que às vezes resultam em estocar alimentos em forma de gordura.

Apesar de estarmos falando de algo diametralmente oposto ao efeito espiritual, é possível apontar que, se o sujeito tem medo desse desamparo material, esse receio também é espiritual. Esse sujeito está sem o apoio da fé. É mais fácil criticar a ação material – comer – porque a dimensão espiritual é a menos visível. O fundamento do mal é, veja bem, só muda quem tem forma. Então, nós só caímos e só ascendemos nessa Pirâmide porque temos matéria. Todo o processo depende da matéria, até mesmo a materialização dos espíritos – se falarmos de possessão ou obsessão demoníacas/espirituais.

Quase todos os indivíduos têm o desejo de viver sem temor, sem nenhum medo, tanto bons quanto maus. Mesmo os animais também procuram uma existência livre de medos. A maioria de nós busca essa segurança o tempo inteiro.

Nesse sentido, a diferença entre o homem bom e o mau – em relação à segurança, deixemos claro – está na busca, na renúncia, no temor. O homem bom vai renunciar ao que ama, às coisas que ele não pode ou não deve possuir, mesmo que não haja perigo de perdê-las. O homem mau, ao contrário, quer gozar das coisas que ele almeja, podendo ou não as ter, então assume qualquer atitude para garantir isso. Não aceita a renúncia, não aceita a perda. Ele quer e usará do que puder para conseguir.

Já falamos aqui sobre os três níveis onde vão acontecer esses movimentos: soma, psique e *nous* (ou corpo, mente, alma). Entendemos que, nessa queda, precisamos visitar os andares inferiores para recomeçar. Sobre isso, falamos no início quando mencionamos a alquimia, o processo de purificação e o processo de "reconstrução". Se decaímos, devemos usar o ensinamento para ascender novamente.

A estagnação pelas decisões erradas deve ser vista como um desrespeito a si mesmo e aos outros também.

Existem dificuldades inerentes ao homem mortal. A finitude da vida, as doenças com as quais temos que lidar, as limitações que enfrentamos... Apenas a mente soberba acha que poderia resolver tudo. Existem problemas sobre os quais não temos ação, não conseguiremos solucionar, e isso se aplica para os vícios também, porque alguns deles se sobrepõem ao poder de ação no mundo, parecem exceder nossas potências de luta, ainda que seja necessário manter a luta *ad eternum*.

Na minha concepção, o sofrimento está sempre presente em alguma escala. Sabemos sobre as doenças físicas, sobre as cicatrizes espirituais e psíquicas. Então, quando reconhecemos que as escolhas erradas levarão a consequências negativas, quando assumimos que experimentamos sofrimentos que nós mesmos nos incutimos, quando observamos as nossas prisões para além do apego, estamos prontos para agir em prol da nossa Ascensão.

Os sofrimentos são necessários para o amadurecimento, para que possamos crescer e nos desenvolver no âmbito moral. É assim que começamos a questionar a existência e buscar um propósito para a própria vida. Tudo tem uma razão que leva ao bem, embora talvez não a reconheçamos ou até mesmo cheguemos a conhecer. Não precisamos conhecer tudo para fazer o bem.

Lembro aqui que já citei Constantin Noica e as doenças do espírito, mas é possível complementar com uma classificação mais genérica e muito típica do mundo atual, para encerrarmos a temática das forças de decadência e investirmos nas forças de ascensão:

1. **A superficialidade** – se caracteriza pela falta de profundidade, pela falta de reflexão e pelo desinteresse pelo conhecimento. É um estado de espírito que valoriza a aparência e a imagem, em detrimento do conteúdo;
2. **A banalidade** – se manifesta pela falta de originalidade e pela reprodução constante de ideias e comportamentos estereotipados. É um estado de espírito que impede a criatividade e a inovação;
3. **A dependência** – submissão a ideias externas ou a pessoas, sem uma avaliação crítica ou reflexão pessoal. É um estado de espírito que impede a autonomia e a liberdade;
4. **A futilidade** – valorização do supérfluo em detrimento do essencial. É um estado de espírito que impede a seriedade e o comprometimento com aquilo que é verdadeiramente importante;
5. **A efemeridade** – se manifesta pela busca constante do novo e da novidade, sem uma consideração pelo passado e pela tradição. É um estado de espírito que impede a continuidade e a permanência;
6. **A desumanização** – se caracteriza pela perda da empatia e do respeito pelos outros seres humanos. É um estado de espírito que impede a convivência harmoniosa e a solidariedade.

Em *Palavras do Meu Professor Perfeito* (ed. Makara, 2008, p. 162-170), Patrul Rinpoche (1808–1887) trouxe mais alguns exemplos:

1. O medo de encontrar inimigos que odiamos;
2. O medo de perder pessoas amadas;
3. O sentimento de não conseguir o que queremos (frustração);
4. O sofrimento de ter que enfrentar o que não queremos.

Hoje, a sociedade vive em uma desordem absurda, e não enxerga que já possui o bálsamo para resolvê-la ou, pelo menos, contê-la. Claro que há sombras, traumas, muita coisa errada, mas isso não pode ser a raiz dos males.

Gottfried Leibniz (1646–1716), filósofo e matemático alemão, é conhecido não apenas por suas importantes contribuições a inúmeros campos de conhecimento, mas também por seu otimismo ao afirmar que nosso universo é o melhor dos mundos possíveis que Deus poderia ter criado. Ele reitera o que Santo Agostinho falou, que o mal é a ausência do bem.

Para ele, há três tipos de mal: o metafísico (a imperfeição da criatura), o físico (o sofrimento) e o moral (o pecado). Muito de nossa evolução só virá por meio do sofrimento, inerente à vida humana. Muito, em nós, tem limitações, inclusive nossa compreensão, e está tudo bem porque somos imperfeitos.

Quanto aos pecados, já bastante conhecidos, vamos começar pela soberba, porque é o mais grave de todos os sete e complementa observações pertinentes aos nossos temas da ascensão e da decadência:

1. **Soberba:** envolve um excesso de amor-próprio, falta de humildade, um excessivo sentimento de superioridade diante do outro. Arrogância que impede de alcançar a sabedoria, justamente pela falta de humildade;

2. **Avareza:** obsessão com a riqueza, a posse e o acúmulo de bens materiais. Pode se tornar um fim em si mesma, de modo egoísta e indiferente às necessidades alheias. Medo de perder o que tem: coleções sem propósito. Acumuladores que reagem a qualquer tentativa de ajuda, ainda que seus guardados não tenham qualquer valor, podendo ser até classificados como lixo;

3. **Luxúria:** busca excessiva por prazeres, especialmente sexuais. Culto ao prazer desprovido de um valor moral. Ostentação de sensualidade sem relação com a realização pessoal ou sem preocupação em provocar e recusar o desejo de outrem. Pornografia;

4. **Ira:** pecado que envolve respostas emocionais negativas e violentas a situações que irritam ou frustram. Pode provocar danos físicos e até a morte. Atualmente tem se manifestado até em episódios inofensivos do cotidiano;

5. **Gula:** excesso de comida e bebida, associada ao prazer ou à compensação de carências físicas e/ou emocionais. É um desejo desordenado, um vazio existencial a ser preenchido, ansiedade e falta de fé na providência divina;

6. **Inveja:** desejo excessivo pelo que os outros possuem. Ressentimento e cobiça, uma emoção destrutiva que leva à incapacidade de apreciar as próprias conquistas e bençãos. Incapacidade de admirar a evolução do outro, ciúme. Em uma sociedade de exibicionistas que ostentam riquezas e prazeres sem limites em busca de seguidores nas redes sociais, a inveja algumas vezes se transforma em observações e comentários maldosos, agressões verbais gratuitas;

7. **Acídia:** estagnação, falta de esforço ou motivação para realizar tarefas, falta de iniciativa, uma falta de motivação para iniciar e para acabar as suas próprias tarefas. Geralmente está atrelada à falta de sentido, à falta de propósito na vida ou à falta de relação de determinadas tarefas com a própria vida. A "filha" da acídia é a preguiça e muitas vezes é confundido com ela. Mas a acídia é um tipo de doença espiritual, um desânimo da alma que impede de resolver os próprios problemas, ou de assumir qualquer tipo de atividade, inclusive intelectual. São pessoas que não sentem prazer em viver.

Como se percebe pelos breves comentários acima, nossa sociedade favorece, e até promove, mais as forças de decadência do que as de ascensão. Grande parte do desejo de agir volta-se para copiar os modelos comportamentais das massas. A orientação pelo senso estético atual desvirtua e anula o sentido da vida, limitando-o ao imediato, à rotina das pseudocelebridades tal como aparecem nas redes sociais, ao supérfluo e ao efêmero. O bom e o mau ficam em segundo plano. Isso quer dizer também que a ignorância é um fator de decadência, de queda.

É somente quando a pessoa busca os valores atemporais que consegue adentrar no mundo transcendente imaterial, que permite distinguir o real e o falso. Ascender não é o mesmo que fazer sucesso, como mostrei por meio de inúmeros exemplos ao longo deste livro. O caminho da Ascensão não traz satisfação momentânea, tampouco imediata. Como o nome diz, é um caminho e exige disciplina e força permanente.

Em qualquer religião há uma esfera divina que se manifesta em absolutamente tudo o que existe, inclusive em você. E quando falo "tudo o que existe", essa substância, esse ar divino, transpassa todas as células, todas as constituições. Ela transpassa os seres, a natureza, o universo, tudo.

Uma das grandes funções do ser humano, um de seus maiores trabalhos é alinhar o que pensa, o que sente, o que fala e o que faz. São quatro pontos de alinhamento. Para que todo esse movimento seja feito, é necessária a ajuda de algo maior do que um simples desejo, um simples estudo intelectual, uma grande vontade.

A potência para você encontrar a si mesmo e assim seguir o seu caminho precisa ser estimulada pela conexão com um fluido cósmico universal. Minha sugestão é reservar uma área em sua casa, orná-la de acordo com sua fé, e ali fazer os seus processos, os seus pequenos rituais, as suas orações, as suas preces. Quando você consegue entender a soteriologia – estudo das doutrinas religiosas de salvação –, começa a ascender.

É verdade que vai precisar lidar com o tempo, o temido deus Cronos de nosso atual estágio civilizatório. Para alguns autores, quase todos os nossos sofrimentos são relacionados à pressa. A ideia é que, em algum momento, consigamos transcender a escravidão do tempo e cheguemos a esse algo divino.

Metaforicamente, o desenvolvimento da espiritualidade pode ser representado pela resistência ao canto da sereia da "odisseia" de Ulisses, narrativa de Homero que já tratei acima. Se eu estiver convicto da força dessa espiritualidade, consigo vencer. O canto da sereia representa as peripécias, as futilidades da vida, coisas que são inúteis e prejudiciais, tais como determinados hábitos comuns em nossa sociedade. Por exemplo sair com os amigos toda sexta-feira. Isso pode ser muito bom; mas se for obrigatório, deixa de ser.

O conceito de pureza de intenção é muito forte no budismo. A reta intenção é uma pura, correta, generosa. Leva ao desapego, e não apenas de bens materiais – a renúncia da vontade própria. Entre os muitos ensinamentos de Buda, encontramos as Quatro Nobres Verdades, um caminho para a superação do sofrimento e para a realização da iluminação espiritual.

1. **A verdade do sofrimento:** a vida é permeada pelo sofrimento e insatisfação, que são causados pela impermanência e pela insubstancialidade das coisas;

2. **A verdade da origem do sofrimento:** o sofrimento surge a partir do desejo, do apego e da ignorância;

3. **A verdade da cessação do sofrimento:** o sofrimento pode ser superado por meio da extinção do desejo e do apego;

4. **A verdade do caminho para a cessação do sofrimento:** o caminho óctuplo é um caminho para superar o sofrimento e alcançar a iluminação espiritual.

Quanto ao Nobre Caminho Óctuplo, ele assim enuncia:

1. **Visão correta:** ver as coisas como realmente são e ter uma compreensão clara da realidade;

2. **Intenção correta:** ter a intenção de seguir o caminho espiritual e fazer o bem para si mesmo e para outros;

3. **Fala correta:** falar a verdade, não falar mal dos outros, não falar palavras duras e cruéis;

4. **Ação correta:** agir com bondade e compaixão, não matar, não roubar, não praticar atos sexuais impróprios;

5. **Meio de subsistência correto:** ganhar a vida de uma maneira que não prejudique os outros e que seja consistente com o caminho espiritual;

6. **Esforço correto:** esforçar-se para abandonar pensamentos e comportamentos prejudiciais e cultivar pensamentos e comportamentos benéficos;

7. **Atenção plena correta:** estar presente e consciente do momento presente e cultivar a atenção plena em todas as atividades;

8. Concentração correta: desenvolver a concentração mental por meio da meditação e da contemplação.

Ainda que haja forças que estão muito além de nosso controle e que nos fazem regredir, como os adoecimentos sérios – depressão e demência, por exemplo –, é importante não se perder da ideia de que a verdade continua acontecendo apesar da nossa consciência. Ou seja, coisas acontecem em nosso entorno sobre as quais não temos consciência, sobre as quais não temos ingerência. Muitas vezes, aprendemos grandes lições sem nem mesmo perceber.

Para isso, precisamos da qualidade da mente chamada potências da alma, às quais já nos referimos brevemente. Há muitas versões para as potências da alma – quantas seriam, quais seriam, como se classificariam – e alguns filósofos chegam a chamar de faculdades humanas, também com inúmeras descrições, às vezes conflitantes. Não cabe aqui aprofundar o tema – quem sabe em um outro momento –, mas concordamos que algumas virtudes são inatas e outras vão ser dadas por uma força, por um merecimento, por uma conquista.

Falando de potência, que ainda não é o ato em si, estamos nos referindo à possibilidade, ao que posso vir a fazer, que leva ao movimento em direção a algo.

Dentro das potências da alma, há pilares que vão estar sempre presentes: a consciência, a inteligência, a tensão. Nós temos a imaginação, a vontade, nós temos o *religare*. Tudo isso acontece na alma humana, e está nos transpassando o tempo inteiro.

Esse trabalho todo traz a verdade de alguma forma e a pessoa sente que é um bem. Isso não vai acontecer repentinamente, mas pelo hábito, pela repetição, pela constância. Antes de agir, mobilizamos as potências, sendo primeiro as sensitivas, vegetativas.

Também sabemos que vamos precisar de vontade, sobre a qual já falei algumas vezes. No entanto, por ser uma palavra muito comum, nem sempre damos a ela a força que, no contexto da Pirâmide de Ascensão, ela evidencia. Para ajudar nessa compreensão profunda, lembro de uma passagem oriental, que muitos já conhecem, mas que resumo aqui a título de ilustração do conceito de vontade que usamos.

Trata-se da história de um discípulo que escolhe seu mestre. Essa escolha precisa ser intuitiva e elevada, oriunda de ambas as partes. É um encontro místico e misterioso. Nesse conto, um discípulo vê um mestre, aproxima-se e diz: "senhor, eu preciso tê-lo como mestre, eu o anseio para chegar a Deus".

Eles caminham juntos até um lago. Lá, o mestre coloca a cabeça do discípulo embaixo da água e a segura firme, até que se debata sem parar, agitado, quase afogado. O mestre pergunta sobre o que ele mais precisava naquele momento, ao que o discípulo responde, ainda ofegante: respirar.

E o mestre diz: "quando você tiver esse anseio por Deus, essa vontade de chegar até Ele como você ansiou pelo ar, você volta a me procurar."

O que eu quero dizer com isso? Quanto mais forte e consistente for essa vontade, mais próxima será a sua Ascensão. Cada etapa é lenta, demorada, uma evolução sutil. O discípulo não precisou respirar tão logo teve a cabeça submersa. Foi preciso tempo.

Então cada pequeno avanço, por menor que seja, deve ser comemorado como um ato virtuoso, como um marco. Uma gentileza, por menor que seja, tem que ser reconhecida.

Uma das maiores forças é a própria dor, o sofrimento e a angústia, como também a nossa capacidade de observar, de nos dedicarmos, de investigarmos a própria devoção e seus motivos.

Somos seres sociais. Aprendemos com os erros e com as consequências de nossos atos, e temos poder para intervir a favor de algumas pessoas. Mas elas precisam querer, ter vontade, estar dispostas. Para isso, a inteligência de criar múltiplos personagens dentro da própria mente nos ajuda a enxergar pelos olhos dos outros, compreendê-los melhor, ajudá-los de forma mais eficaz.

Para ascender também é preciso perder, renunciar ao conforto e à acomodação, afastar-se de determinadas pessoas, entender que a posse é apenas uma sensação ilusória que habita nosso ego. É importante livrar-se do apego para não se tornar escravo dele. É preciso perder o medo e não esperar nada.

O caminho de Ascensão pode se tornar uma neurose, uma obsessão. Um alpinista obsessivo morre na montanha. É bastante pertinente que a pessoa tenha pequenos defeitos, pequenos vícios, pequenas imperfeições, porque essa caminhada é árdua, é lenta, é dolorosa. Somos humanos e, como tal, pecadores. Não esqueça disso. Se você se tornar obsessivo pela perfeição, vai se tornar um grande frustrado.

Para aproveitar ao máximo as lições da Pirâmide da Ascensão é fundamental manter a calma, um certo relaxamento, fortalecer a empatia, dedicar-se ao voluntariado, praticar meditação, ioga etc. São atitudes elementares para uma vida normal, ainda que muito melhor.

Investir tempo hierarquizando os problemas e percebendo a importância deles é um bom começo. Algumas coisas bobas podem ser deixadas de lado, mesmo que seja interessante mencioná-las em seu "mapa mental" de problemas. Assim, você fica mais aberto a se dedicar ao que efetivamente fará a diferença, priorizar o que é verdadeiramente um problema e o que é, apenas, algo supérfluo com o qual lidar ao longo do caminho. Essa é uma importante prática de autodesenvolvimento.

A nossa memória facilita esses aprendizados, porque temos lições o tempo inteiro nesta vida e na de nossos antepassados. Toda vez que acessamos as nossas memórias, facilitamos o processo. Para os gregos, a memória fundamental é lembrar-se de quem você é; isso basta. Não precisamos lembrar de uma prova de matemática que fizemos na quinta série, nem de experiências materiais vividas. É preciso que lembremos de quem somos, enxerguemos essa nossa face, percebamos que somos almas em experiência material. Lá estão todas as sabedorias necessárias. Sempre que estiver com medo, lembre-se do quanto sua alma é corajosa e do que ela veio fazer neste mundo. É o suficiente. Mas é sempre bom ressaltar que quando falamos sobre a alma, especialmente de acordo com os gregos, não estamos falando sobre espíritos. É a essência do "eu", da sua *persona*.

O grande insight desse processo acontece quando deixamos de ter pena de nós mesmos e começamos a ver o valor educativo dos sofrimentos da vida. É o momento em que adquirimos um senso de responsabilidade e amor ao nosso destino. Aceite. Ame o seu destino. Desenvolva a consciência de que você precisa ser constantemente grato.

Que você seja mais doce, mais complacente, mais leve, mais alegre, esses são os seus deveres nesse caminho. Que você não julgue tanto e não seja tão duro consigo mesmo, essas são diretrizes iniciais. Leve essa aura por onde for. Se você aplica, nas suas funções e atitudes diárias, uma intenção positiva, isso é a Ascensão.

CONCLUSÃO

Assim como há uma ordem ao redor do Sol em relação aos planetas; bem como a cabeça funciona como aspecto central do corpo humano; ou mesmo um maestro em uma orquestra ou um líder de um clã... há um espaço no âmago humano que precisa ser ocupado. Essa é a ideia de Deus. O bem supremo. Porém, parte da decadência (ou da dificuldade para Ascensão) está justamente no que se propõe a ocupar esse topo. Frequentemente a ideia de prazer, dinheiro; e até mesmo liberdade. Hipostasias lesivas. Ideias enviesadas que certamente afastam o sujeito da máxima possibilidade humana.

— BRUNO LAMOGLIA —

Nunca seremos perfeitos. Podemos pensar em uma torre gigante e na vontade de ver o mundo a partir do topo, sabendo que a verdade só pode ser contemplada a partir de uma visão mais ampla. Sabemos, entretanto, que o topo da pirâmide é para muito poucos.

Somos seres criados a partir de erros, pecados e vícios. Por isso, a luta pela Ascensão é uma luta permanente, para a vida toda, uma eterna vigilância de nossas forças de autossuperação, sempre em direção a uma força de vontade divina e superior.

Ao chegar no mundo físico, que já nos é apresentado em sua formação densa, cheia de vícios, obstáculos, densidades, somos obrigados a nos adaptarmos. Somos como o novo que se adéqua ao velho, ao pronto, recebendo cargas que terá que suportar – regras a cumprir, culturas a nos adaptarmos.

É claro que, geneticamente, o ser humano consegue enfrentar e superar certas doenças, mas tratando da Pirâmide de Ascensão, o nosso foco é a luta interna, as transformações que precisam vir de dentro, principalmente da emoção e da razão.

Dominando essas esferas, a pessoa poderá direcionar seus esforços – trabalhar melhor as suas potências – para dar saltos em direção ao topo, subir degraus. O indivíduo quer aprender, mas não pode ser inflexível em seus pensamentos, nem teimoso e nem fanático. Elementos de remorso e culpa precisam ser expurgados da mente para dar espaço a algo que vai mostrar a causa final da sua existência – a evolução para uma vida mais completa e satisfatória, independente de causas externas.

Remorso e o arrependimento não são sinônimos. Arrepender-se é natural e funciona para o crescimento, como uma lição de vida, uma força favorável à sua Ascensão. Por seu lado, o remorso é um peso que se carrega de forma desnecessária e até de forma arrogante. Aquilo me afasta da minha causa final, aquilo confunde minha finalidade vital – é uma força de decadência.

Durante seu processo de Ascensão, a partir do que compartilhei neste livro – e que espero que o acompanhe na vida toda –, é interessante que adquira certo senso de satisfação nesses assuntos, mesmo que esteja diante de grande sofrimento, grande dor. Confie que existe uma possibilidade de satisfação. Compreenda as decadências como possibilidades de aprendizado, e os aprendizados como passos para a Ascensão.

Eu gosto de sugerir que, perante um sofrimento que pareça insuportável, pense no amor divino, universal e infinito, seja qual for a sua crença, que transborda. É um amor de fato universal, a ser compartilhado com outros, até mesmo a quem você acredita odiar. Tudo isso começa na imaginação, na mente, que é o que vai fazer uma ponte com um outro patamar transcendental.

Saiba que ninguém recupera o tempo perdido, como o gasto a se lamentar prostrado em uma cama, como os anos perdidos em ódio, raiva e egoísmo. É preciso aceitar e corrigir a sua biografia a partir de agora, aplicar uma vontade que transcenda tudo. Observe o sofrimento, mas livre-se da carga negativa que ele traz. Não gaste seu tempo; invista-o, converta-o em algo que vá levar você a ascensionar.

Reclamar pode aliviar a pressão interna, especialmente quando buscamos ajuda de outras pessoas. No entanto, não se trata de reclamar levianamente, nem muito menos de fazer disso um hábito. Falamos de expurgar e racionalizar.

Esse processo de experimentação do sofrimento como forma de Ascensão pode ser mais bem compreendido se pensarmos que é como voar de avião num dia nublado. É uma metáfora interessante para nosso tema. O clima está horrível, está chovendo, carregado de nuvens. De repente, você ultrapassa as nuvens e o céu está lindo. O céu azul sempre esteve lá, basta que se passe das nuvens.

No final das contas, o que liberta um homem do seu próprio sofrimento é a Razão, com R maiúsculo. Quando a pessoa não consegue entender o mundo, não usa sua Razão. Vive mais ou menos como um animal, querendo apenas sobreviver. Está diante de uma montanha, mas quer ficar no mangue.

As potências são as suas capacidades, que aparecem por meio da alma imaterial, que não vai ter ação direta no mundo. É você quem vai precisar "ler" a sua própria alma e aplicá-la na vida exterior.

O propósito é mudar o quadro de impossibilidades, essa espécie de equações indecifráveis, e torná-las mais claras para você. Você vai descobrir a origem dos problemas, onde as doenças se iniciam e vai sair um pouco do controle tal como você o pratica, de forma automática, mecanicista, para que comece a empregar mecanismos conscientes.

Com isso, compreenderá de forma mais clara e concisa o que antes era só um emaranhado, um fenômeno caótico. Neste livro falamos da medicina em relação ao corpo físico, com a neurologia cuidando da neuroanatomia funcional de cada área do corpo, como um sistema. Falamos do neocórtex, a parte mais evoluída do corpo humano, e começamos a perceber uma constituição dentro do próprio cérebro. Falamos sobre psiquiatria, e nos referimos à circuitaria, ao eixo hormonal, às teorias glutamatérgicas, elétricas.

Quanto à psicologia, cujo caminho foi bastante modificado, especialmente a partir da introdução da ideia de inconsciente – familiar, social, coletivo –, encontramos o pensamento, a ação, a atenção, a consciência, a imaginação, a vontade, a emoção, temas que abordamos aqui de forma resumida.

Com relação ao espiritual e sua relação com a parte moral do ser humano, valores como justiça, bom, belo, justo, verdadeiro, o entendimento global, o divino, também se conectam à filosofia, que exploramos na medida do possível, por meio de alguns respeitáveis autores.

As pessoas precisam da doença, do trabalho, do sofrimento para se provarem no mundo, para o movimento e a evolução. Então, essa Pirâmide não é um trabalho motivacional. Ela é terapêutica, reveladora. A ideia é de um farol no mar escuro, com o propósito de curar, de guiar, de orientar. Ela funciona tanto na terapia, quanto na leitura do texto e no aprofundamento pessoal, por meio de *insights*, estalos de consciência, semelhantes a uma terra sendo adubada.

Quando se desperta um novo olhar, a pessoa vai entendendo o enredo de sua vida. Para isso, descobre muitos de seus elementos de sombra: a parte que envergonha, aquela da qual tem medo, raiva, ou mesmo coisas quase diabólicas de sua personalidade, que carregam um potencial autodestrutivo.

Não raro as maiores lições e as melhores mudanças nascem da dor, da incerteza e do sofrimento. Uma vez que identifique as sombras e redirecione as forças que tem dentro de si – elementos a voar no seu inconsciente, na sua psique –, começará a nomeá-los, quantificá-los, melhor articulá-los. Terá intimidade consigo mesmo e isso tudo é, na verdade, uma busca diária, cíclica e permanente. Somos seres em constante movimento – como falamos na introdução deste livro – e, como tal, sujeitos às diversas forças e potências transformadoras externas.

A realidade independe da nossa consciência. A realidade continuará existindo, mesmo que não estejamos conscientes dela. Para além disso, muitas vezes nos falta o elemento de convicção, especialmente porque parte do processo é justamente compreender a natureza do momento e tomar as decisões adequadas a ele. Descobrir o próprio caminho é uma espécie de entendimento global.

Ninguém tem como adentrar nessa escada ascensional se mantiver os valores de antes, se mantiver influenciado pelas mesmas massas de pensamento uniforme. Lembre-se da caverna de Platão. Toda vez que você tenta sair da caverna, haverá alguém a puxá-lo para baixo. E, se você sair e quiser voltar, resgatar outros, ajudá-los, as pessoas vão estranhar, metaforicamente (e até literalmente) tentar te matar, isolar, rejeitar, questionar.

Sobretudo, destacamos a necessidade de reconhecer que a Ascensão não implica perfeição.

A prudência mora no saber temperar o tempo, usá-lo e aplicá-lo corretamente para cada situação. É natural que a pessoa, mudando seus interesses, mude também suas atividades, encontre novos grupos. No entanto, é um erro se desconectar daquilo que já faz parte de sua história, daqueles que estiveram a seu lado em muitos momentos, de dificuldade e de alegrias. Permita que a sua leitura do papel de cada um, das falas de cada um, seja diferente, e cuidado para não se tornar aquele sujeito obcecado por um tema, 100% profundo, um chato intolerável que habita soberbamente uma bolha.

No caminho da sua Ascensão sempre deverão estar valores de respeito, de amizade, de fé, de esperança e de caridade. São premissas constantes. Lembre-se sempre de que não há perda quando compartilhamos, quando dividimos. Há apenas o preenchimento dos espaços vazios com o bem, como aprendemos com Santo Agostinho. É o que queremos para nós mesmos e é o que queremos para todo mundo que conhecemos.

Quanto mais você trabalhar na Ascensão de si mesmo e de outras pessoas, mais perto de enxergar a verdade global, aquela que só pode ser vista lá no topo da torre, você estará.

Acompanhe a LVM Editora nas Redes Sociais

https://www.facebook.com/LVMeditora/

https://www.instagram.com/lvmeditora/

Esta edição foi preparada pela LVM Editora e por Décio Lopes, com tipografia Baskerville e Playfair Display, em março de 2024.

Impressão e Acabamento | Gráfica Viena
Todo papel desta obra possui certificação FSC® do fabricante.
Produzido conforme melhores práticas de gestão ambiental (ISO 14001)
www.graficaviena.com.br